ダウジング・プロトコル

成功をもたらす11のステップ

まえがき 100%正確なダウジングのために

ダウジングとは、シンプルなツールを使い、心や意思の力によって、エネルギーを探知・変換することを指します。水脈や鉱脈を見つけるための手法として長く活用されてきましたが、現代のダウザーはその技術を拡大して、肉体的、感情的、精神的、スピリチュアル的にエネルギーを判断・変質・調整することも行っています。ダウジングは、YESかNOの答えを得るだけのものではないのです。

また、無益なエネルギーとのつながりを断ち、有益なエネルギーを最大化することもできます。そして、それがどのような種類のダウジングであっても、しっかりとした意図設定をすることが、成功のカギになります。

本書では、健康の改善、紛失物の捜査、あなたのスピリチュアルガイドとのつながり、最善の選択、人間関係の改善などのテーマを扱っていきます。練習すればするほど、より良い結果が得られ、ダウジングすればするほど、その理解は深まっていくでしょう。

ダウジングの能力とは、ごく自然なものであり、誰にでも備わっています。また、宗教的なものを基盤とはしていませんが、私自身の経験では、いわゆるすべての創造物や生命にとっての最高最善のものとつながったときに、もっとも良い結果が得られています。

ダウジングであなたが望む結果を得るためには、本書で紹介する**プロトコル**を使うことが重要です。このプロトコルとは、ダウジングに正確さをもたらすだけではなく、プロテクションの効果もつくり出していきます。

私は、このプロセスを**ダウジングシステムへのゾーン・イン**（zone in）と呼んでいます。もしあなたが、ゾーン・インしないでダウジングをするなら、それは、無作為な番号に電話をかけて、電話に出た誰かもわからない人からアドバイスを得るようなものです。

逆に、あなたがダウジングの前にゾーン・インするのであれば、《神聖なるソース》からより正確な答えを得ることになるでしょう。このプロトコルは、論理的な思考を司る左脳と、直感的感覚を司る右脳を統合し、身体と精神に適切に機能していきます。

その結果、あなたはまるで身体全体で静かな祈りをするような感覚を得るかもしれません。そして、それはあなたの直感の鋭い部分に正確にチューニングしているとも言えるでしょう。

私が提唱するこのプロトコルを、ちょっと面倒で煩わしいものだと思う人もいるかもしれません。しかし、セッションのたびにこのプロトコルを使うことで、あなたのダウジングの正確性はどんどん向上していきます。

また、プロトコルのステップ①から⑤を毎日の生活で使うことで（たとえそれが、ダウジングと関わりのない状況下だったとしても）、バランスのとれた素晴らしいことが起こる、そんな好転現象を体験することになるでしょう。

１００％正確なダウジングをいつもできるダウザーはいません。

しかし、このプロトコルをダウジングのたびに使うことで、あなたのダウジング精度が確実に上がっていくことを保証します。

スーザン・コリンズ

1章

ダウジング・プロトコル11のステップ

STEP ①

身体レベルのバランスを整える

静かな時と場所を選び、自分の身体のすべての側面において、バランシング、ハーモナイジング、グラウンディングするという意図にフォーカスします。

◎静かな場所を確保する。
◎リラックスする。必要があれば、場所を移動する。
◎窓を開けたり、キャンドルを灯したりする。
◎トイレに行く。必要があれば、飲食をする。
◎身体バランスを整えるエクササイズを行う。

20ページへ

STEP②

ダウジングシステムに接続する

適切かつ最高最善であるために、次のように唱える。
（あるいは神聖なものに対する祈りでもよい）

自然界の叡智あふれる有益なエネルギーに
つながりますように

神聖なる最良なものとつながり、共鳴しますように

私のスピリットチームにつながり、
適切に導かれ、しっかりと守護されますように
そして、私のダウジングが100%正確でありますように

YES／NO、ディスコネクト、マキシマイズ、それぞれのサイン(動き) の決め方・確認方法は、60ページを参照してください。

接続を確認する

◎ダウジングツールのYES／NOサイン（動き）を確認する。

◎ツールのディスコネクト（DISCONNECT エネルギーを断ち切る、リリースする）とマキシマイズ（MAXIMIZE 最大化する、エナジャイズする）のサイン（動き）を確認する。

◎意図の設定を行う。このセッションで何をしたいのか、その目的を明確に意図する。あなたが意図する目的が達成されるために、いま有効に作用する情報を持つ《聖なるソース》と響き合うことをあなたをサポートする存在たちに願い、そのサポートするエネルギーの存在を確認、さらにそのエネルギーが、最高最善なものとつながっていることを確認する。

24ページへ

STEP③

自己の許し

許しを与えるために、次のように唱える。

創造主よ、許したまえ。
私は私自身に許しを与えます。
そして、私を害したすべてのものを許し、
私の身体、心、魂からそれらを手放します。
また、それらの存在も私を開放していきます。

36ページへ

STEP④

無益なエネルギーのクレンジング

ダウジングツールを手にして、次のように唱える。

私は、すべての創造物にとって適切かつ最高最善であるために願います。私は私のすべての局面(肉体、感情、精神、スピリチュアル、エネルギー)に関連した、すべての種類の無益なエネルギー(感情、想念、執着など)が、すべての次元、すべての時間枠、すべての現実、すべてのエネルギーにおいて、ただちにそのエネルギーが変質化され、適切なあり方で、すべての創造物にとって最高最善なエネルギーに変換されるよう求めます。

37ページへ

STEP⑤

自己のエネルギーフィールドの最大化

ダウジングツールを手にして、次のように唱える。

私は、自分のエネルギーフィールドが、適切なあり方ですべての創造物にとって最高最善であるために、最大化することを求めます。

自分の肉体、感情、精神、スピリチュアル、エネルギー的存在のすべての側面が、すべての次元、時間枠、現実、エネルギーの中で、完璧な健康状態であることを求めます。

39ページへ

STEP⑥

ダウジングする許可を求める

「May I？ ～してもよいですか？」
……許しを得てから、ダウジングを行う。

「Can I？ ～することができますか？」
……自分にそのダウジングをする能力があるかを確認する。

「Should I？ ～するべきですか？」
……今、そのダウジングすることが適切かどうかを確認する。

41ページへ

STEP ⑦

ダウジングの実施

ステップ④と⑤を使って、ダウジングする場のコンディションを整える。

また、そのダウジング結果を事前に知らないこと、そしてどんな結果であったとしても、一切思い煩うことがない心境であることも大切。

◎質問は、明確な言葉で行い、憶測や推測は一切、織り交ぜないこと。

◎ダウジングチャートを使用することで、より正確なダウジングが可能。

◎他者のプライバシーを尊重する。依頼や許可のない事柄は一切ダウジングしてはならない。

◎他者への奉仕やサポートとしてのみダウジングを行い、自分自身の利己的な理由のために、けっしてダウジングはしない。

◎医師法や薬事法に違反しないこと。医師としての資格がない者は、診断や医療的なアドバイスを絶対にしてはならない。

43ページへ

STEP⑧

マトリックスの作成（必要な場合）

もし、時間をかけても問題が解決に向かわない場合は、永久にエネルギーを保持し、調整し続ける「エネルギーマトリックス」を適切な場所に作成する。

サポートしてくれる存在の力を借りながら、そのマトリックスがあなたの必要に従って、すべての無益なエネルギーを自動的に修正、変質、変換し、適正化していくようにプログラミングする。

46ページへ

STEP ⑨

セッション後のエネルギーの切断

完全に、意識的に、実際的に、ダウジングセッション時につながった、すべてのエネルギーとのリンクを切断するため、次のように唱える。

私は今、私のすべてのレベルで、○○さん（クライアントの名前）と、このセッションを共に行った、すべてのエネルギーや存在たちのエネルギーを切断します。

48ページへ

STEP ⑩

サポートを得たエネルギーへの感謝

自分をサポートしてくれた、すべてのエネルギーと存在に感謝する。

50ページへ

STEP ⑪

適切なカウンセリング

クライアントにダウジングセッションを行った場合、何を伝えるべきかをよく確認した上で、適切な情報を伝えながらカウンセリングしていく。

不確かなことを安易に口にせず、思慮深い慎重な心を持つ。

50ページへ

STEP① 身体レベルのバランスを整える

自分の身体のすべての側面において、バランシング、ハーモナイジング、グラウンディングするという意図にフォーカスします。

◎静かな場所を確保する。
◎リラックスする。必要があれば、場所を移動する。
◎窓を開けたり、キャンドルを灯したりする。
◎トイレに行く。必要があれば、飲食をする。
◎身体のバランスを整えるエクササイズを行う。

エクササイズの例 —— クロスクロールのようなブレインジムを行う

ブレインジム（Brain Gym）とは、アメリカでポール・デニソン博士によって開発された脳を活性化するエクササイズです。クロスクロール（Cross Crawl）は、片腕の肘を交差する反対側の膝につけることを左右交互に繰り返すエクササイズ。立った状態でも、座った状態でも行えます。

エクササイズの例 ―― 正中線

指で身体の前に8の字を描き、その指の先端を見つめます。身体の正中線（前面・背面の中央を頭から縦にまっすぐ通る線）を指が交差するたびに、左脳と右脳のシステムが統合されます。片方の手で行ったら、次は反対側の手で、そして両手で行います。

エクササイズの例 ―― 胸をタッピングする

ターザンのように胸を叩く方法もあります。

エクササイズの例 ―― K27のポイントを擦る

K27のポイントの見つけ方 ―― まず鎖骨に指を当てます。両手の人差し指を鎖骨の上に置き、両指を身体の中央に向かって滑らせ、鎖骨の内側の角に到達したら、そこで指を止めます。その位置から真下に指を下すと、鎖骨から約2.5センチの場所に柔らかい部分、もしくは窪みがあり、そこがK27になります。

エクササイズの例 ―― 耳たぶを擦る

エクササイズの例 —— 時計回り、反時計回りにねじることを繰り返す

※ ※ ※

ダウジングする前に、自分自身の準備を行うことは重要です。それは**センタリング**、あるいは**グラウンディング**と呼ばれています。静かな時間や環境を選び、何度か深くゆっくりとした呼吸をし、あなたのすべての局面において、バランシング、ハーモナイジング、グラウンディングしていくという意図に集中していきます。

究極的には、心を《無》の状態にするのが理想ということになります。叡智を取り入れるための十分なスペースを確保するために、心の中の静かな領域《ゼロポイント》を見つけ出す必要があります。私たちの周りにある、絶え間なく届く精妙なメッセージをキャッチするために、あれこれと考えてしまう心を静め、あなたの心のバケツを空にしなくてはなりません。

では、どうやってあなたの心の中に《ゼロポイント》をつくるのでしょうか？

それは、あなた次第です。瞑想、ダンス、スポーツ、音楽、何でもよいでしょう。正し

い方法はひとつというわけではありません。真理に至る道は一本道ではなく、また《神聖なるソース》に対する呼び名もひとつではない、それと同じことです。自分自身が歩むべき道は、自分自身が歩くことで見つかります。誰かがあなたを癒してくれるのを待つのではなく、自分自身がワークをするのです。

意図を設定し、心を空にして、聞く耳を持ち、そしてステップを踏み、自分自身を信頼することで癒しをなすことができます。ヒーリングはプロセスであり、突然起こるものではないのです。そして、恐れやジャッジのない状態に身を置くことが重要です。

もし、私が困難なケースに出くわしてしまったならば、すぐにエクササイズやダンスのクラスに行くことでしょう。身体の状態を整えることは、とても助けになります。

ちなみに、私は1日が始まる前のフレッシュな朝の時間帯にダウジングするのが好きです。朝は、ディナーの用意やさまざまな雑用を気にする必要がないからです。家事などを先に済ませてしまう方がよいと考える人もいると思いますが、私の場合は午前中にトイレ掃除などをしたら、午後はダウジングするような気分にはなれないのです。

水分の摂取と、外で運動することの重要性

正確にダウジングができるかどうかは、精妙なエネルギーをキャッチできるかどうかにかかっています。身体に水分を多く含んでいれば、そのエネルギーが容易に通過しやすくなります。つまり、水を飲めば飲むほど、私たちが探しているものを見つけやすくなるというわけです。

しっかり水分を摂り、外で運動することで、心をクリアにすることができます。そして、そのクリアな心には、正確で良いダウジングをつくり出していく力が生まれるのです。

STEP②ダウジングシステムに接続する

身体のバランスを整えたなら、もうあなたは、ダウジングシステムにつながる準備ができています。さらに、プロトコルの次のステップを踏むことで、ダウジングシステムにつながっていくことになります。

もしかしたら、あなたは他の方法やシステムを使っているかもしれません。しかし、少なくとも一度は、本書のプロトコルを試してみてください。きっと、あなたにもスムースに機能し、すべてのプロセスが心地よく進行していくことでしょう。

よく皆さんから「ダウジングするたびに、いつもこのすべてのプロセスを行わなければなりませんか?」と質問を受けますが、私はいつも「はい、そうです」と答えています。少なくとも、まるで呼吸をしているかのように、無意識のうちにすべてを行える状態になるまでは、そうしてほしいと考えています。このプロトコルは、安全で的確なダウジングに導く、とても大切なものなのです。

ダウジングシステムに接続するために、次の言葉を唱えます。

神の名のもとに（他の言葉に代えてもかまいません）
私は、次のことを求めます。
自然界の叡智あふれる有益なエネルギーにつながりますように。
神聖なる最良なものとつながり、共鳴しますように。
私のスピリットチームにつながり、適切に導かれ、しっかりと守護されますように。

そして、私のダウジングが100%正確でありますように。

続いて、接続を確認するために、次のことを行います。

◎ダウジングツールのYES／NOのサイン（動き）を確認する。
◎ダウジングツールのディスコネクト（DISCONNECT エネルギーを断ち切る、リリースする）とマキシマイズ（MAXIMIZE 最大化する、エナジャイズする）のサイン（動き）を確認する。
◎このセッションで何をしたいのか、目的を明確にし、意図設定を行う。

「自然界の叡智」の活用

中には、意識が少々飛びすぎてしまっているエネルギーワーカーもいます。そのような人は、物理的な現実とのコネクションが弱い状態で、スピリットとのつながりに過度にフォーカスしてしまっているように見受けられます。

私は、何より第一に、グラウンディングを確保することがもっとも大切だと考えます。

そして、地球につちかわれたさまざまなエネルギーと強くつながるのです。上につながることに意識を奪われるより、結局その方がはるかに安全で、しかも効率的です。

《神聖なる最良》あるいは《神聖なるソース》とは？

私は《神聖なる最良》あるいは《神聖なるソース》という大局的な言葉を、多くの西洋伝統文化で「神」と呼ぶものに対して使っています。

ダウジングは、特定の文化や宗教などとつながっているわけではありません。そのため、大局的かつ総括的な用語を選ぶようにしています。「God」という言葉は、古いドイツの言語体系である「good」に由来すると言われています。また「アラー」はアラビア語の「God」に相当します。世界中に「神」という言葉があり、その多くが同じような意味を示しているとしても、このダウジングシステムは、一切の宗教的な用語を排除した中立的なものになっています。

ただし、あなたの個人的な使用にあたっては、自分が適当だと思う用語があれば、それを使用すればよいと思います。神と定義づけられたエネルギーとつながってワークをするか、あるいは単に有益なエネルギーとつながるかは、個人の自由なのです。

しかしながら、私たちは何とつながってワークをしたいのか、それを表現する言葉については十分に注意しておかねばなりません。「光」と共にワークをしたいと考えているにもかかわらず、知らないうちに無益なエネルギーとつながってしまってはいけないからです。

プロトコルの言葉を放つときに鍵となる大切なフレーズは「**すべての創造物にとって適切なあり方で最高最善であることを願います**」です。この言葉があることで、けっして誰も害することはないのです。本書で紹介するプロトコルのすべては、この思想のもとにつくられています。

スピリットチームとは？ その存在たちにどう対応するべきか？

彼らのことは、スピリットガイド、エンジェル、光の存在、アセンデッドマスターなど、いろいろな呼び方をするかもしれません。名前はいろいろあるものの、彼らは目に見えない存在で、他の次元と私たちの次元に共存しているものであると、共通して言うことができます。

彼らは、ハイヤーセルフや魂というものとは別のレベルのものです。そして時々、私たちが震えなど何らの特別な身体感覚でのみ感じることがある特殊なエネルギーマトリックス、つまり私たちの世界の境界線の外側に、彼らは存在しています。

ある存在は、神（私は《神聖なるソース》という呼び方をしています）とのつながりを持ち、すべての創造物にとって最高最善であるために、私たちをサポートすることに興味を持っています。しかし一方で、別の存在は神との共鳴を一切持たず、まるで寄生するかのように取り憑いて、私たちのエネルギーを奪い取ることに興味を持っています。

そんな彼らは〝ライトワーカー〟に興味を持ち、近づいてくる傾向があります。私たちがスピリチュアルな道を歩む中で、あたかもダークサイドの強力なエネルギーが立ちはだかり、チェックしに来ているかの如く見えます。

しかし、言葉を換えれば、門番として私たちの勇気や解決能力を試していると理解することもできます。あるいは、あなたにエネルギーを変化させる力があることを知って、彼らが助けを求めて現れるようなこともあるかもしれません。

いずれにしても、そんなダークサイドの存在と出くわしてしまったときは、私はいつも愛の存在であろうとします。恐怖もジャッジもないハートからの慈悲深いエネルギーを放ちます。これは心理的なプロセスというより、むしろハートの中心にあるパワーからくるものです。愛のエネルギーの放射によって、ダークサイドの存在はエネルギーを変容させていくか、もしくは、ピュアな愛の波動の中には存在できないために、逃げ出していくことになります。いずれのケースにしても、あなたは身を守ることができます。

スピリットガイドとの付き合い方

私たちの世界には、さまざまなタイプのエネルギー体がいます。

しかし、残念ながら、それらの区別を説明するのはとても難しいと言えるでしょう。悪人は、善人のマスクをかぶって欺こうとします。経験豊かなコミュニケーターですら、有益なエネルギー体か、害のあるエネルギー体か、その違いを説明するのは難しいものです。

一般的に、スピリチュアルな学びの道のあるポイントに差しかかったならば、そしてその準備ができたならば、あなたはあなたの周りにいるガイドの存在を感じ始めることでしょう。その段階では、方法など知りもしなかったのに、必要なことを知る感覚能力を授かり、何らかのメッセージや情報を得たり、奇跡のような幸運や驚くべきシンクロニシティが起こり始めたりします。そして次第に、あなたは自分の直感を信頼し始めるでしょう。直感力が増せば増すほど、神聖な存在とのつながりが増し、スピリチュアルガイドの数も増えていくでしょう。

もしあなたが、未知の存在たちに準備が不十分な段階で接触を試みたとしたならば、知らず知らずのうちに有害なエネルギー体とつながってしまうこともあるでしょう。彼らは、あなたに取り憑くように張り付くことができ、そして、いったんそうなってしまうと、彼らを取り外すのはとても難しいです。

一方、あなたが常に神との関係を保ち、聖なる存在を感じ、あなたのスピリットガイドたちと対話を取っていれば、自ずと良い結果に導かれることでしょう。そして、あなたの意思や意図は、常に有益なエネルギーと共鳴し合っています。

では、自分のガイドに出会うためには、どうしたらよいのでしょうか？

簡単なことなのです。あなたの目的に即した、神のエネルギーと響き合う存在とのつながりを、ただ願ってみてください。そんなあなたをサポートするスピリットチームは、時とともに、あなたの意識や環境の変化に応じて変わっていきます。トラウマの解消を主な目的としてダウジングする人と、ガーデニングのためにダウジングする人とでは、異なったサポートチームが編成されるわけです。

ワークを重ねていくと、次第にスピリットチームにはどんな存在がいて、どのように返答してくるかがわかってきます。ここからがとても大切です。あなたのスピリチュアルガイドがいつもと違う返答の仕方をしてくるときがあれば、異なる存在が現れているのかどうかをチェックする必要があります。それは新しいガイドがあなたについたか、あるいは、新しい学びを得るときがきたか、そのどちらかでしょう。

万が一、その新しい存在が何か疑わしいと思うことがあれば、神の神聖なる愛（あるいは同じ意味の適当な言葉）を受け入れるかどうか聞いてみてください。有益性のない存在は、けっしてそれを受け入れることはありません。その場合は、ダウジング・プロトコルを使って再度ダウジングシステムにつながり、その無益なエネルギーに対して、接続の遮断と変質化をしてください。

スピリチュアルガイドとの付き合い方をよく理解してください。自分は何ら努力することなく彼らに〝命じて〟、何かをしてもらうのではありません。彼らと協力し、彼らと共に、あなたがつくり出していくのです。そして、大切なことがあります。

あなたのスピリチュアルガイドとは異なる存在と、直接つながらないでください！

あなたのスピリチャルガイドは、いわばあなた専属のアポイントメントマネージャーです。適切な存在との面会を取り次ぎ、スピリチュアルな世界の有象無象な存在から遠ざけてくれます。彼らはあなたにとって重要なことにだけ、しっかりとフォーカスし続けるよう促すのです。他のさまざまな存在たちに惑わされることなく、あなたのスピリチュアルガイドに絶対的な信頼を置くことが必要です。

100%正確なダウジングを目指すには?

このプロトコルでは、100%正確なダウジングをプログラミングしていきます。

そんなことは当たり前ではないか、と思う人もいるかもしれません。

しかし実際は、正確にダウジングをすることは簡単ではありません。よくあるのは、無意識のうちに自分の望みをペンデュラムの動きに反映させてしまうことです。そして、望むペンデュラムのサインを導いてしまうのです。

もちろん、それは本来、ダウジングとしてはあまり意味のあることではありません。また、強いマインドパワーを使うと、ダウジング中の他人のペンデュラムにすら影響を与えることがあるのです。

過去に開催したダウジングの練習会で、エナジャイズした私の水のエネルギーを、ある女性が測定しようとしていました。彼女のダウジングが始まると、その測定結果を低い数値にしようとしていることに私はすぐ気付きました。そして、私はマインドパワーで彼女のペンデュラムが高い数値を示すようにしました（もちろん、そのようなことをしてはいけないことはわかっています。ただ、水は本当に良いものだったのです）。

すると、彼女のペンデュラムは尋常ではないほどプラスを示す動きをしました。そして、彼女はその結果を疑うことは一切ありませんでした。その練習会の後、彼女の周りにいた友人たちは「彼女が意図的に高い数値を示すようにペンデュラムを操作しているように見えた」と言いました。

正確なダウジングのためには、外部の影響を受けないようにすることが大切です。そのためにはまず、シンプルにダウジング・プロトコルで、１００％正確なダウジングを願うこと。そしてもうひとつは、あなたのダウジングをシールドし、他者のエネルギーの影響から守ることです。

前述の彼女のペンデュラムの動きがシールドされていたのであれば、私は彼女のダウジングで起ころうとしていた結果にも気付かなかったでしょうし、それに影響を与えることも不可能だったでしょう。前述の練習会での逸話はささいな出来事ですが、じつはその種の力を誤った目的に使うこともできるので、十分注意する必要があります。

また、ダウジングの精度を上げるために、毎回ダウジングツールのYES／NO、ディスコネクト、マキシマイズのサインをチェックしてください。

ダウジングセッションを繰り返す中で、そのサインが変わることも十分あり得ます。そのときのあなたのダウジングツールのサインをしっかりと把握して、ダウジングするようにしてください。

意図設定のプロセスの重要性

意図設定のプロセスを行うことは、とても重要です。そのことにより、あなたが何を成し遂げようとしているのかを、より明確に自覚できます。

意図設定が最初から明確な場合、このプロセスは不要だと考える人もいるかもしれません。しかしながら、それでも意図設定のプロセスを行い、あなたがゴールをより明確化することで、宇宙はあなたをもっとサポートしやすくなるのです。

また、自分の本当の意図を把握することも重要です。たとえば、気分がすぐれず、リフレッシュとエネルギーアップのために旅行しようと思ったとします。しかし、お金がありません。そんなときは、どうしたら旅費が得られるか、お金を得る方法を探すためにダウジングをするかもしれません。しかし、問題の本質は別にあります。あなたの気分を悪くしている原因こそが、解決すべき問題なのです。

ダウジングをすることで問題の本質を知ることができ、どの問題にエネルギーをフォーカスして解決を目指せばよいかを把握することもできるのです。

意図設定は単純なプロセスのようですが、じつは丁寧に行うべきものです。本当の意図をしっかりと探し出した上でその意図設定をすることができたなら、ダウジングセッションは思いもかけないほど素晴らしい結果を引き出してくれるでしょう。

STEP③ 自己の許し

あなたを傷付けた人、あるいは自分自身を許すことは、とても重要です。

もし許さなければ、あなたは過去に固執し続け、さらには過去の誤った出来事のために、自分自身のエネルギーがどんどん吸い上げられてしまうからです。

自分自身、そして関わる人たちに許しを与えることができなければ、私たちはけっして癒しをなすことはできません。

もし、どうしても人を許すことができないときは、どうしたらよいでしょうか。

少なくともその問題を引き起こした責任を、その問題を引き起こした当事者にお返ししましょう。あなたが問題を起こしたのではないのです。責任は、あくまでもその行動をした当事者にあります。そしてもう、あなたはそのことを手放してしまいましょう。

また、正確なダウジングの障害となることのひとつに、自分は《神聖なるソース》とコミュニケーションを持つ価値がない人間だ、と思い込む思考パターンがあります。

あなたは、その価値のある人間です。そして、許しは私たちが真実を知るために大いなる手助けをしてくれます。そのため、許しをなすことはとても重要なのです。

STEP④ 無益なエネルギーのクレンジング

ダウジングツールを手にして次のように唱えます。

私は、すべての創造物にとって適切なあり方で、最高最善であるために願います。私は、私のすべての局面（肉体、感情、精神、スピリチュアル、およびエネルギー）に関連した、すべての種類の無益なエネルギー（感情、想念、執着など）が、すべての次元、すべての時間枠、すべての現実、すべての種類のエネルギーにおいて、ただちにそのエネルギーが変質化され、適切なあり方で、すべての創造物にとって最高最善なエネルギーに変換されるよう求めます。

ダウジングツールがディスコネクトのサインを示している限り、この言葉を唱え続けます（ディスコネクトのサインを示している間は、切断のプロセスが進行しています）。ただし、3回この言葉を繰り返し唱えてもペンデュラムが停止しない、つまり切断のプロセスが終了しなければ、ステップ⑧「マトリックスの作成」に進んでください。

私は、私たちをサポートしないものを**無益**（non-beneficial）と呼び、サポートするものを**有益**（beneficial）と呼びます。

また、ネガティブ（negative）、ポジティブ（positive）という対義語も存在します。ネガティブ／ポジティブという言葉は「良い」「悪い」の意味以外に、電気の極性を示す場合にも使われます。この例のように、同じ言葉が複数の意味を持つことがあります。エネルギーワークをする際には、設定に使う言葉を慎重に選んで使う必要があります。私たちは宇宙と共鳴しながらワークをしていますが、このシステムは、使う言葉の持つ意味とダイレクトに呼応します。そのため、複数の意味を持つ単語をプロトコルで使うとき、誤動作を引き起こす危険性があるのです。

STEP⑤ 自己のエネルギーフィールドの最大化

無益なエネルギーのクレンジングを終えたなら、次は有益なエネルギーであなたのエネルギーフィールドを最大化する番です。このプロセスをする前のあなたのエネルギーフィールドは、まさにいろいろなエネルギーが入り混じった状態で、いわゆる低いエネルギーの部分もそのまま放置されている状態なのです。ダウジングをする前に、高いエネルギーフィールドにおおわれている状態にしましょう。

ダウジングツールを手にして、次のように唱えます。

私は、自分のエネルギーフィールドが適切なあり方で、すべての創造物にとって、最高最善であるために最大化することを求めます。

自分の肉体、感情、精神、スピリチュアル、
エネルギー的存在のすべての側面が、
すべての次元、時間枠、現実、エネルギーの中で、
完璧な健康状態であることを求めます。

ダウジングツールがマキシマイズのサインを示している限り、この言葉を唱え続けます（マキシマイズのサインを示している間は、最大化のプロセスが進行しています）。ただし、3回この言葉を繰り返し唱えてもペンデュラムが停止しない、つまり最大化のプロセスが終了しなければ、ステップ⑧「マトリックスの作成」に進んでください。

STEP⑥ ダウジングする許可を求める

はっきりとした口調で、ペンデュラムに次の質問をします。

「May I? ～してもよいですか?」

YES　はい、あなたはダウジングすることを望まれています。

NO　いいえ、あなたはダウジングをすることを望まれていません。

「Can I? ～することができますか?」

YES　はい、あなたはその能力があります。

NO　いいえ、あなたはその能力がありません。

「Should I? ～するべきですか?」

YES　はい、なぜならあなたは助けてあげることができるからです。

NO　いいえ、先に何かするべきことがあります。

もし、これらの質問のどれかにＮＯの答えが出たら、その先のプロセスには進まないようにします。

ダウジングを始めると、私たちは無意識のうちに無断で他者の問題に口を出し、解決しようとしがちです。あなたがダウジングを依頼されていない限り、けっして他者の事柄はダウジングしないでください。あなたの周りにいる親友にも、上司にも、配偶者にも、孫にも、アダルトチルドレン（幼少期の心の傷がトラウマになり生きづらい人）にも、けっして無断でダウジングしてはいけません（たとえば昏睡状態にあるか、心に深い病があるなど、正常な判断ができない、あるいは自ら判断を示すことができないといった特殊な場合を除いて）。

自分の子どもに対しては、親の判断でダウジングしてもかまいませんが、子どもが13～14歳程度になった場合は、事前に許可が必要です。私たちは、人のプライバシーを侵害してはならないのです。

ただし、特殊な場合もあります。

私は幼児虐待のケースに出くわしたとき、独自の判断で虐待者のエネルギー状態を整えたことがあります。このようなケースでは、まずあなたをサポートするスピリットチームと共にチェックを行い、適切なガイダンスを得てください。

このステップでNOの答えが出た場合は、あなたに何か別の重要なことを別の場所であるべきというメッセージかもしれません。そのため、NOの答えの理由をあれこれ詮索したり、無視しようとしたり、あるいはNOという答えが出ているのにNO以外の意味を自分で加えたりしないようにしてください。後でダウジングをやり直すことにし、今は中止してください。

また、たとえダウジングの許可が得られなかったとしても、彼らの幸福を祈る許可は、常に得られます。幸福を祈って、プロセスを終了してください。

STEP⑦ ダウジングの実施

ダウジングは、はっきりとした質問文で行います。

たとえば、次のようなケースを考えてみましょう。

「このチョコレートバーは、私にとってよいものですか？」

と聞いたら、ＹＥＳの答えを得ました（なぜなら、私の好物だからです）。次に、

「このチョコレートバーは、私の健康をサポートしてくれますか？」

と聞いてみると、答えはＮＯでした。このふたつの質問は、どちらもチョコレートバーが自分によいかどうかを聞いていますが、その意味はまったく異なります。質問の内容をより具体的に、より明確にすることがとても重要です。

◎チャートを使うことで、より正確なダウジングが可能になります。たとえば「総合的な意味で、このチョコレートバーは私にどのように影響するかを示してください」と、プラス／マイナスチャート（76ページ）に質問することができます。チャートを使うことで、自分の感情の影響を少なくすることができます。特に、感情が揺らぎやすい事象に対するダウジングを行う際は、ダウジングチャートの活用を勧めています。

◎人のプライバシーを尊重し、依頼や許可のないケースではダウジングしないでください。

◎他者への奉仕やサポートのためだけにダウジングを行い、自分自身の利己的な理由で

はけっして行わないでください。あなた自身のダウジングについては、その必要に応じて行います。

◎医師免許を持っている人以外は、けっして診断診療行為はしないでください。

ダウジングは、あなたの心が平静であるときに、もっともよいパフォーマンスが得られます。結果を事前に知らず、予測や願いもせず、その結果をそのまま受け入れられる心の状態が、正確なダウジングをつくり出していきます。逆に言えば、自分自身、あるいは親しい人の重要な事柄について、正確にダウジングすることは、難しいといえるでしょう。

そのようなデリケートなダウジングには、グループやあなたのパートナーと行う方法もあります。あなたは一切、自分が質問する事柄を相手に言わず、その質問をただ頭の中に浮かべます。あなたがその質問を十分意識したら、相手にダウジングをしてもらうのです。相手はどんな質問をされているかわからないので、そこに何らかの感情の反射が起こることはありません。

あるいは、こんな方法もあります。あなたは考えられる質問の答えをたくさん紙に書き、ひとつずつ封筒に入れて見えないようにします。そして、どの答えがもっとも適切かを他の人にダウジングしてもらうのです。このワークの注意点は、どの封筒にも適切な答えが入っていない場合は当然、適切な答えが質問者に得られないということです。そのようなことが起きたグループワークを見たことがあります。そのため、幅広い範囲の選択肢を用意して、このワークを始めるとよいでしょう。

STEP⑧ マトリックスの作成（必要な場合）

ステップ⑥や⑦がうまくいかない場合、時間を使っても問題が解決に向かわない場合は、自動調整し続けるエネルギーのマトリックスを作ります。

◎適切な場所に、適切な存在たちとマトリックスを作成します。
◎マトリックスは、すべての無益なエネルギーを、必要に応じて自動的に調整し、変質させていきます。
◎継続的なケアが必要な慢性的な状況に対して、マトリックスを作成します。

◎プロトコルを使い、状況にマトリックスを適応させていきます。

あなたが強いエネルギーを変容させようとすると、ダウジングツールはいつまでもその動きを続けて（トリートメントのプロセスがいつまでも続く）、そのエネルギーバランシングのプロセスにあまりに長い時間が必要だと感じることがあると思います。

そんなときには、あなたの望んだそのプロセスに継続して対処するために「自動調整し続けるエネルギーマトリックス」を作成するとよいでしょう。

適切な場所に（リビングルームのような場所ではなく）、適切な存在たちと必要に応じて自動的にすべての無益なエネルギーを調整、変質させ、バランスさせ続けるエネルギーマトリックスを作成することを求めます。

そして、そのマトリックスはどのような変化が起ころうとも、自動的に適切に変容し、バランス調整することを求めます。表現が少々曖昧に聞こえるかもしれませんが、具体的に定義しすぎると、なされる結果についても制限を加えてしまうことになります。

マトリックスを作成したならば、適切に機能しているか確認し、必要があればエナジャイズ（エネルギーを与える）してもよいでしょう。マトリックスは、トリートメントにかかる時間を大幅に節約してくれます。また、自分自身のため、家族のため、クライアントのため、あなたが生活するコミュニティのためと、必要に応じて複数のマトリックスを作成することもできます。

STEP⑨ セッション後のエネルギーの切断

つながっていたエネルギーを切断することは、とても重要です。特にあなたが他者（クライアント）にダウジングしたのなら、なおさら重要です。このプロセスを怠ると、クライアントの問題が、知らず知らずのうちにあなたのエネルギーフィールドに染み込むように転写されて、しまいには腰痛、倦怠感などさまざまな問題を起こしていきます。

スピリチュアルな世界につながるドアを開けたままにしてはいけません。セッションが終わるたびに、そのドアはしっかりと閉めておいてください。この世界には有益な存在がいるように、あなたのために活動する気などさらさらない無益な存在もいます。あなたは、そのような連中に入り込まれたくはないはずです。

もし、危険な感じがすれば、すべての無益な存在たちを、害を及ぼすことがない適切な次元に連れて行ってくれるよう、あなたのガイドに頼んでください。その存在たちは最高最善のために、癒され、変質していくでしょう。ガイドと共にあり、私たちが高く清らかな意識を持てば、恐れることなど何もないのです。私たちは、強い存在なのです。

しかしながら、ダウジングセッションを利己的な目的のために行う人は、ピュアなハートで人をサポートするためにダウジングする人とは同様の、強いエネルギーを持つことはできません。正しい目的の設定が大切です。

また、クライアントにワークをすることは、自分自身のためにもなります。私たちは、人のバランスを調整することによってのみ、自分もバランシングされるとも言えます。グループワークは、その意味でも有効です。皆が助け合い癒し合うことができるからです。

では、どのようにしてエネルギーを切断すればよいでしょうか？

シンプルに、次のように唱えてください。

私は今、私のすべてのレベルで、

○○さん（クライアントの名前）と、このセッションを共に行った、

すべてのエネルギーや存在たちのエネルギーを切断します。

この言葉を唱えるときに、何かの音や何かのアクション（たとえば手を叩く）を伴わせてもよいでしょう。意識レベルでの完全なエネルギー切断の助けになります。

STEP⑩ サポートを得たエネルギーへの感謝

私たちが普段誰かに助けてもらったときのように、このセッションで自分をサポートしてくれたすべてのエネルギーと存在に感謝します。

STEP⑪ 適切なカウンセリング

あなたがクライアントにダウジングをしたなら、すべての創造物にとっての最高最善のもと、「どのダウジング結果が、その人の問題やテーマの解決のために役立つのか」をしっかりとチェックした上で、カウンセリングに入っていく必要があります。

ただ思いつくままに、あるいはダウジングが示したことを、考えもなく次々と言葉にしていくと、クライアントに害を及ぼしかねません。そのため、カウンセリングの構成については、実際には難しさを感じることと思います。ペンデュラムを使って、何をどのようにクライアントに伝えていったらよいか、確認していきましょう。

また、あなたがセッションの最初にクライアントに伝えたこと（ダウジング結果によって発見したこと）を、クライアントは強く記憶にとどめるでしょうし、それがあたかもすべてであるかのように理解してしまうことすらあります。たとえセッションの最後に、あなたがクリアリングを実施したとしても、その傾向はなかなか消すことはできません。そして、クライアントはどうしても悪いことばかりに注目し、気にしてしまう傾向がありまず。セッションが終わり、クライアントが日常の生活に戻れば、深く刻まれた思考が自身の生活に即座に反映されていってしまうのです。

そこで、カウンセリング中もダウジングツールを使ってサポートを得るようにしてください。私はカウンセリングするときは、いつもペンデュラムを手にし、ニュートラルスイングさせています。

ニュートラルスイングは、何も意味していない待機状態であることを示します。万が一、カウンセリング中に、私が何らかすべきでないことをしたら、私のガイドはペンデュラムにNOサインを示し、警告してくれるのです。私が十分な配慮ができず、話すべきではないことを話し始めたときなど、急に声が出なくなることもあります。それも、ガイドからのメッセージと言えるでしょう。

あなたが思慮深く慎重な状態でなければ、高いレベルからのメッセージを授かることは難しいでしょう。そのため、ダウザーのあなたが、適切な心理状態とエネルギー状態である必要があります。

知り得た情報をノートなどに記録しておいてもよいでしょう。カウンセリングでは、そのときにクライアントに有益な情報のみを伝えますが、記録があれば、いずれクライアントの準備ができたときに伝えることができます。

私たちのダウジングやカウンセリングについて好奇心をもって聞いてくる人がいると思います。しかしながら、聞くべきではない人、あるいは知り得たことを誤用する危険がある人には、伝える内容に気を付けた方がよいでしょう。

余談ですが、私はダウジング中、通行人などに「何をしているのですか?」と尋ねられた場合、「井戸探しのダウジングをしています」というようにシンプルに返答しています。真剣な気持ちからではなく、単なる好奇心で聞いてくる人には、多くを語りすぎない方が賢明でしょう。いずれにしても、最初の1分間ほどの対話で、相手が真剣に聞いているかどうかがわかると思います。

また、ダウジングのプラクティショナーは、カルト的に自分を崇拝させてクライアントを依存させることのないよう、十分に注意をする必要があります。崇拝も依存も、お互いにとって危険なことです。ダウジングでもたらされる現象や行為はけっして特殊なものではなく、誰でもできることです。ダウジング経験が長く、練習を重ねた人は技術がありますが、それは特殊能力などではありません。

ダウジングは、誰にでもできることです。

そう、今、あなたの横にいる人も、もちろんできます。

2章 ダウジングツール

ダウジングツールとの対話

一般的なダウジングのツールは、ペンデュラム、Lロッド、ボバー、Yロッド、そして、ボディダウジングのテクニックです。ダウジングツールは、あなたのダウジングのレスポンスを増幅させるだけでなく、無益なエネルギーとの共鳴からプロテクトする役割もあります。

さまざまなツールがありますが、まず正しく理解していただきたいことがあります。それは、ダウジングツールは神秘の魔法を引き起こす力があるわけではなく、あなた自身の知覚する感覚を増幅するものだということを、よく覚えておいてほしいのです。そして、あなたがダウジングシステムに正確にゾーン・インすることをサポートしてくれるのです。個々のツールについては、これからくわしく解説していきます。

おそらく、あなたにもお気に入りのダウジングツールができることでしょう。しかし、そのツールに過度に依存することがないようにしてください。ダウジングの成功のカギは、意識のフォーカスと明確な質問です。そして、ダウジングの答えに対しては、感情的にならず、冷静なスタンスで受け取るようにしてください。そして何より、練習をたくさんしてください。

究極的には、ダウジングツールがなくても、ダウジングはできます。

ダウジングツールがレスポンスを始める前に、あなたが答えを知るということもいずれ起こるでしょう。その段階になると、特に理由もなく、ツールがあなたの手から飛び出して行ってしまうということも起こるかもしれません（ただし、少なくともビギナーは、ツールを使ってダウジングをするのがよいでしょう。その方が安全だからです）。

また、ダウジング中は、さまざまなシグナルが与えられるので、十分に注意を払ってください。

ツールを使ってダウジングする場合は、あなた自身のエネルギーが直接ダウジングする対象とはエネルギー共鳴を起こしません（ツールの方が共鳴しています）。そして、そのツールを使用することで、より容易に意識をフォーカスことができます。

ダウジングツールとの対話

① あなたのダウジングツールの呼び名を決めます。たとえば「Lロッド」のように。し

かし、「サム」というような名前を付けないでください。ダウジングツールは、ただの道具なのです。ツール自体が人格や力を持つことを連想させない方がよいでしょう。「Lロッド」といったシンプルな呼び方が、目の前の作業に意識を集中させてくれるでしょう。

②ダウジングツールに、あなたのダウジングの目的を伝えます。
例「Lロッド、北の方角を示してください」

③その反応を待ちます。何も起こらなければ、意識を集中させ、もう一度同じ質問をします。

④最後に、そのダウジングツールとサポートしてくれた存在たちに感謝してセッションを終えます。

ペンデュラム

ペンデュラムは、もっともポピュラーなダウジングツールと言ってよいでしょう。ポケットに入れて持ち運んだり、ネックレスのように身に付けたり、あるいはすぐに答えがほしいときは、キーホルダーやカギなどで代用することもできます。

初心者にとっては、クリスタル製のペンデュラムを使いこなすのは困難かもしれません。クリスタルには、その素材に固有のエネルギーがあるからです(また何らかのエネルギーを記憶してしまい、浄化が必要なケースもあります)。

私のワークショップでは、最初にペンデュラムの使い方を指導します。もし、レスポンスがうまく得られないときは、別のペンデュラムを試してみることも勧めています。

ペンデュラムは、スイングの方向、スピード、振幅でレスポンスを示します。前述のように、どのようなものでもペンデュラムになり得ますが、素材や形状によって特徴があります。

たとえば、写真①のイシスペンデュラムは、その幾何学形状が特徴です。形状に応じた

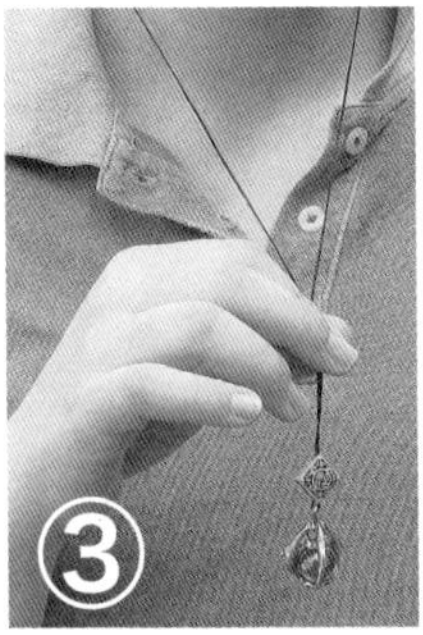

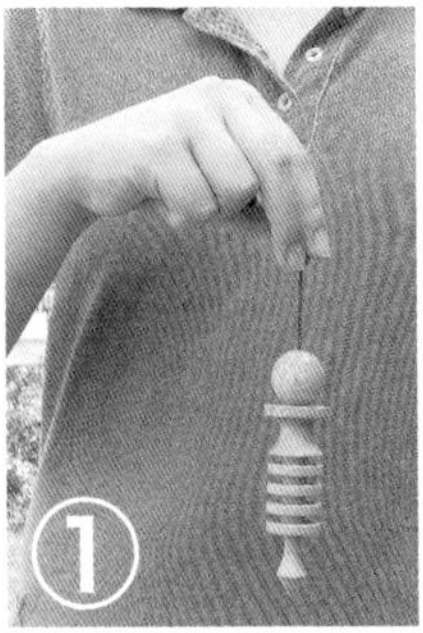

特定のエネルギーを放ちます。写真②のカラフルなビーズが付いた真鍮製のペンデュラムは、ウィットネスチャンバー（空洞）を持ちます。写真③のネックレスタイプのペンデュラムは、どこでも気軽に使うことができるでしょう。さまざまなペンデュラムを試し、反応が良くて使いやすいものを選んでください。ただ、このことを忘れないでおきましょう。ペンデュラムは、単にエネルギーを増幅するツールだということを。

基本的な動きは「縦揺れ」と「横揺れ」、そして「円を描く」です。他にも、微妙な動きのバリエーションはあり得ます。それは、あなた自身のダウジングシステムとのコミュニケーションによって、必要に応じて自然につくられていくでしょう。最初のステップは、あなた自身のＹＥＳのペンデュラムのサイン（動き）を決めることです。

そのサインは、人によって異なります。

ペンデュラムの使い方

① ペンデュラムのボブ（重り）から8センチほど上を親指と人差し指で持ちます。

② ペンデュラムをゆっくりと前後に動かして（ニュートラルスイング）、心の中で唱えるか声に出して「ペンデュラム、YESの動きを示してください」と尋ねます。ペンデュラムがその動きを示すことでしょう。

③ うまく動かなかった場合は、ペンデュラムを意図的に右回転させ（あなたが右回りの回転をYESのサインにする場合）、こう言います。
「ペンデュラム、これが私のYESの動きです」

そして、確認のために前述の質問をします。

「ペンデュラム、YESの動きを示してください」

もし、あなたの意図した動きをしたなら、YESサインのプログラミングは成功です。プログラミングが正確に完了するまで、この作業を繰り返します。

④ NOのサインについても、同様のことをします。

⑤ ディスコネクト（エネルギーを断ち切る、リリースする）とマキシマイズ（最大化する、エナジャイズする）のサインについても、同様のことをします。

⑥「その他」のサインを決めます。「その他」とは、今はダウジングするべきではない、あるいは、ダウジング以外の問題解決が必要であることを意味します。

⑦ 答えが明らかな質問（たとえば「私は女ですか？」「今は午後2時ですか？」）をして、ペンデュラムが正しく機能しているかどうかを確認してください。

そして、その後は、練習！　練習！　そして練習！

ペンデュラムは、使えば使うほど、うまく扱えるようになります。

Lロッド

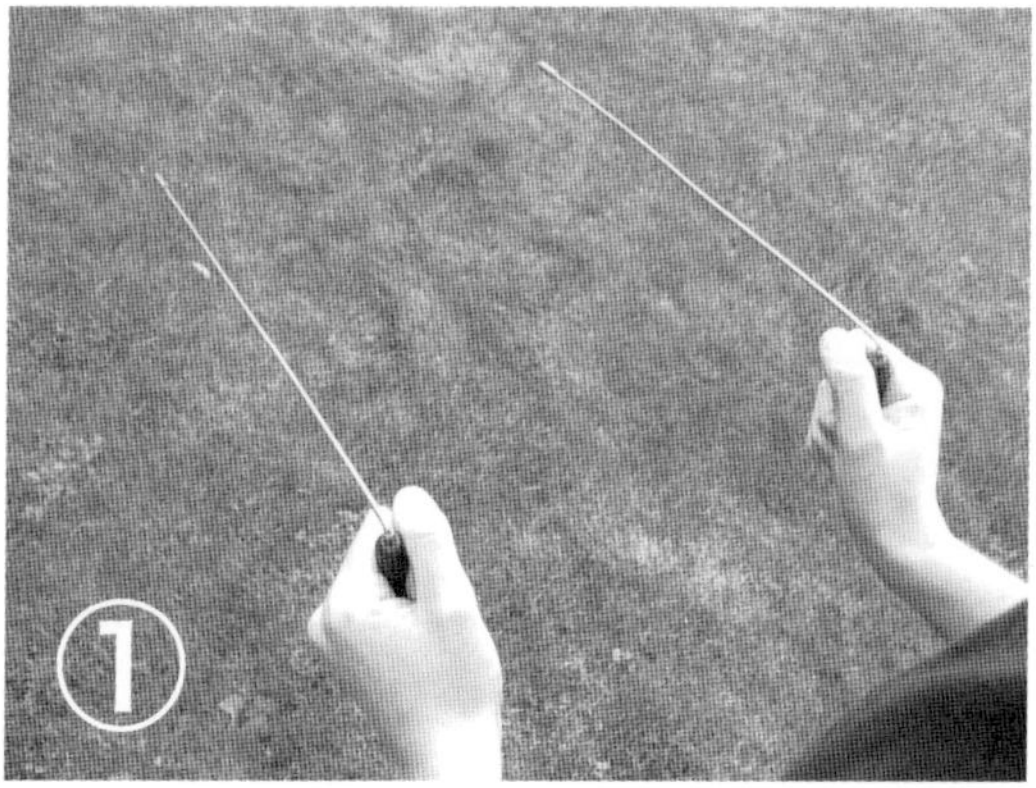

Lロッドは「オープン」「クロス」「回転」という3種類の動きをします。イエス（あるいはターゲットを見つけた）のときに、ロッドは「オープン」か「クロス」の動きをします。どちらのサイン（動き）でもかまいません。ただし、どちらかに決めたなら、そのサインを使い続けるようにしてください。

ハンガーや曲げた針金で、簡単なLロッドを作ることもできます。穴の開いたチューブをハンドル部分にして、そこにL字状の針金を差し込むと、よりスムースに動くようになります。たとえ強くハンドルを握ったとしても、Lロッドは問題なく自由に動いてくれるわけです。

いろいろなサイズのLロッドがあります。小さいものは、ポーチやポケットに入れて持ち運びができます。大きすぎると、重くて使いにくいでしょうが、あなたの腕力や必要とするエネルギーの反応レベルで、サイズを決めていくとよいでしょう。屋外では、重めのLロッドを使えば、風の影響を受けにくくなります。

小さいLロッドは、人のエネルギーなどを見るときによいでしょうし、大きいものは広い場所でポイントやラインを特定するときに向いています。

写真①（62ページの）は「ニュートラル」または「場所を示す」の状態です。写真②（63ページ）は、7色のチャクラカラーのビーズが付けられており、エネルギーバランシングの意図に集中しやすい機種です。写真③（64ページ）は、ロッドの閉じた状態（クロス）、写真④（65ページ）は、ロッドが開いた状態（オープン）を示しています。どちらの動きをYESやNOのサインにするかは、あなたのプログラミング次第です。

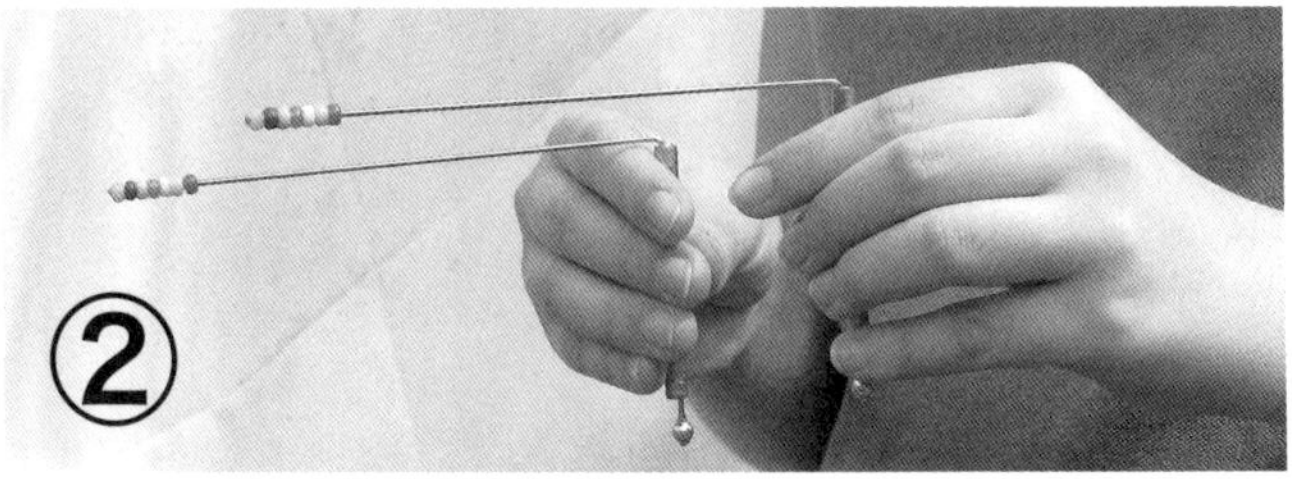

Lロッドの使い方

レディポジション

両手にLロッドを握り、肘を90度の角度に曲げます。先端を体の反対側に向け、先端をわずかに下げた状態で2本のLロッドを平行にして構えます。

ポイントポジション

Lロッドに探しているものを指し示すように頼みます。Lロッドは、ターゲットのある方向を指し示すことでしょう。

ファウンドターゲットポジション

Lロッドがターゲットの上にきたときにクロス（ま

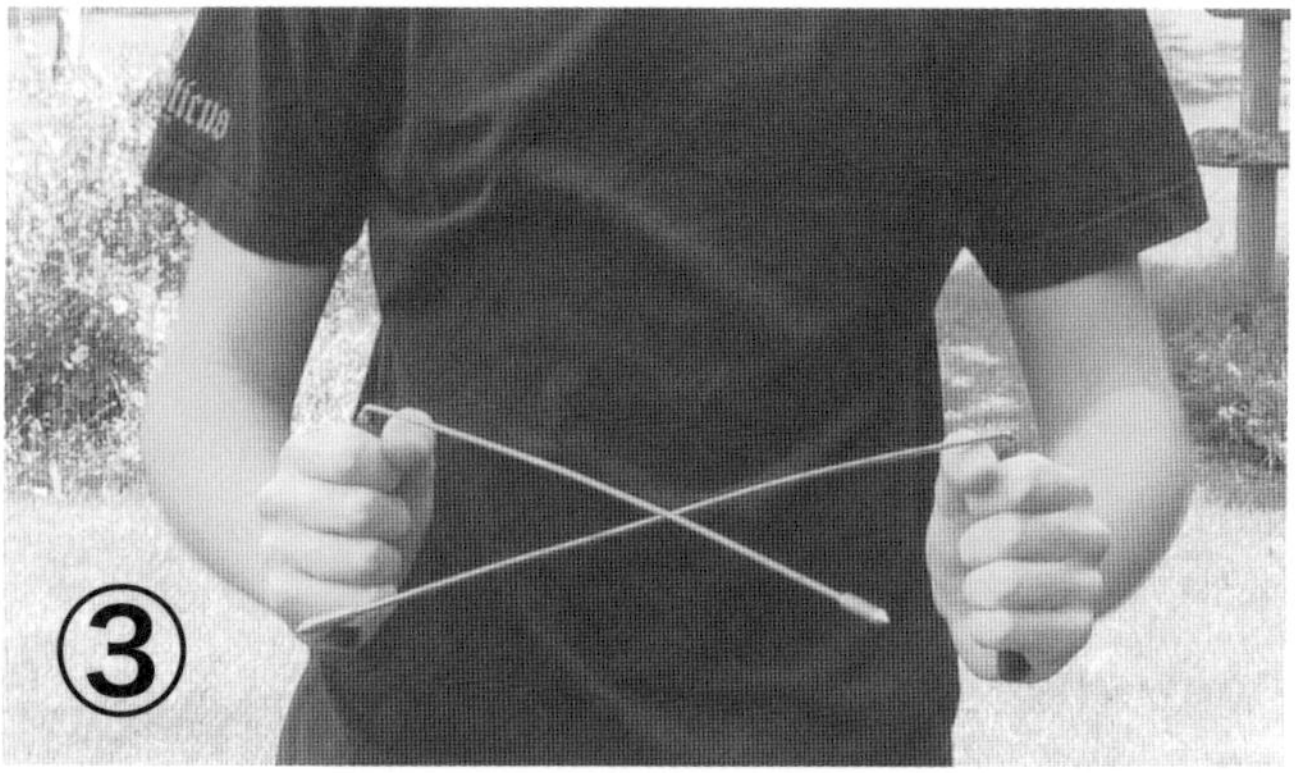

たはオープン）するように頼みます。ロッドが示す方向に歩いていき、ターゲットを発見すると、ファウンドポジションを示すわけです。クロスかオープンのどちらの動きをファウンドポジションとしてもかまいません。ただし、いったんそのサインを決めたら、変更することなく使い続けるようにしてください。

レディポジション

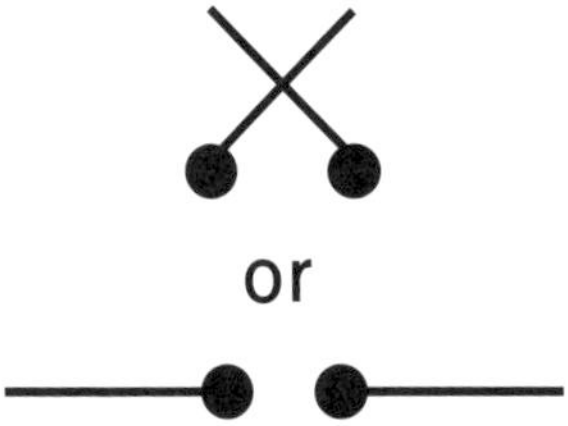

ファウンドターゲットポジション

練習！　練習！　練習！

ボバー

先端にボブ（重り）が付いた細長いダウジングツールを「ボバー」と呼びます。ボブとグリップ間にコイルスプリングがあり、反応をよくしています。

レディポジション

利き手にボバーを持って構えます。

YES／NOのサインの決定

意識を集中し、クリアな意図を持って、YESのサインを示すようにボバーに頼みます。次は、同様にNOのサインを示すように頼みます。ボバーはそれぞれ異なるサインを示すことでしょう。

エネルギー変換

意識を集中し、クリアな意図を持って、あなたの問題やテーマに関連したすべての無益

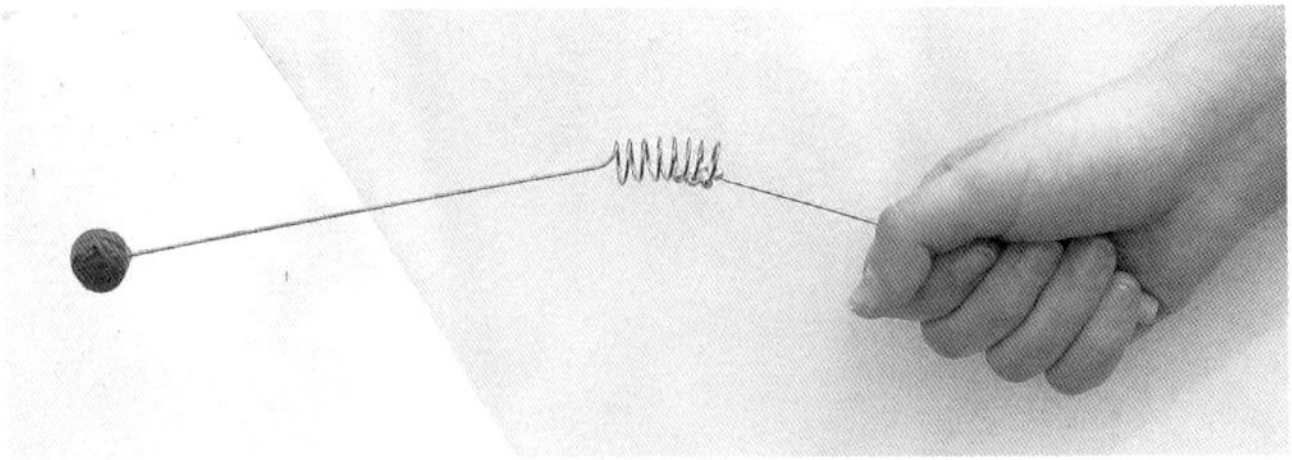

なエネルギーとの切断をボバーに頼みます。そして、すべての創造物の最高最善のために、すべてが有益なエネルギーに変換されることを求めます。ボバーは、ある一定の動きを始めるでしょう。その動きを終えてプロセスが完了するまで、あなたの意図にフォーカスし続けてください。

ボバーは、無益なエネルギーを有益なエネルギーに変換でき、また、YES／NOも判断することができる、非常に優れたダウジングツールです。ビギナーには、大きいサイズの方が動きやすくてよいでしょう。

私が設計した「スーザン・コリンズボバー」もありますし（日本販売元ニキルジェムズ・JAPAN株式会社）、太い針金などの先端にボブ（重り）が付いているものであれば、ボバーとして使うこともできます。持ち運びできて扱いやすい機種を探して使ってみてください。

Yロッド

Yロッドは見てのとおり、Y状の形をしているので、その名が付けられています。伝統的に柔軟性と弾力性のある木の枝で作られてきました。水脈探しを「water witch」とも呼びますが、古い英語の「wice」に由来し、「wice」は「曲げることができる」という意味です。現代では、応力の持続性のある樹脂製や金属製のものが主に使われています。

レディポジション

Yロッドを両手に持ち手のひら側を上に向け、地面と平行にして構えます。内側に絞り込み、Yロッドにテンション（伸長力）をつくります（写真を参照）。小さい円を描くように歩いて、回転をしながら、どの方向にターゲットがあるかを聞きます。Yロッドがターゲットのある方向を向いたときに下に動いて、サインを示すことでしょう。

サーチポジション

Yロッドを元の位置に戻し、地面と平行にします。そして、前のステップで示した方向を歩いていきます。そのときにターゲットのポイントにきたら、Yロッドが下に動いてサインを示すとプログラミングしてください。

ファウンドターゲットポジション

ターゲットのところにくると、Yロッドは下側にポンッと動いてそのサインを示します。

YES／NOサイン

Yロッドの上下の動きを利用して、YES／NOのサインを得ることができます。

強いレスポンスが出たときに、Yロッドで自分を打ってしまわないように注意しましょう。

ボディダウジング

あなたの指を使ってダウジングする方法があります（写真①）。

親指と人差し指で「Ｏ」の形をした輪をつくり、もう一方の手でも同じように輪をつくります。双方の２つの輪をつなぎ合わせて、その両手を引き合い、輪を引き離そうとしてください。そのときに、「ＹＥＳを示してください」「ＮＯを示してください」と質問します。一般的に、あなたのＹＥＳは、ＮＯよりも引き離しにくくなるはずです。

他の指を使うダウジング方法もあります（写真②③）。

中指を人差し指の上に乗せて、絞るように力をかけて中指が横に滑り落ちるように力をかけてみてください。その動きをしているときに、「ＹＥＳを示してください」「ＮＯを示してください」と質問します。一般的には、ＹＥＳのときには指が張り付いたようになって離れることがなく、ＮＯのときは中指が下に滑り落ちて２本の指が離れるようになります。

じつは、この中指と人差し指を使った方法は「スティックパッドダウジング」のバリ

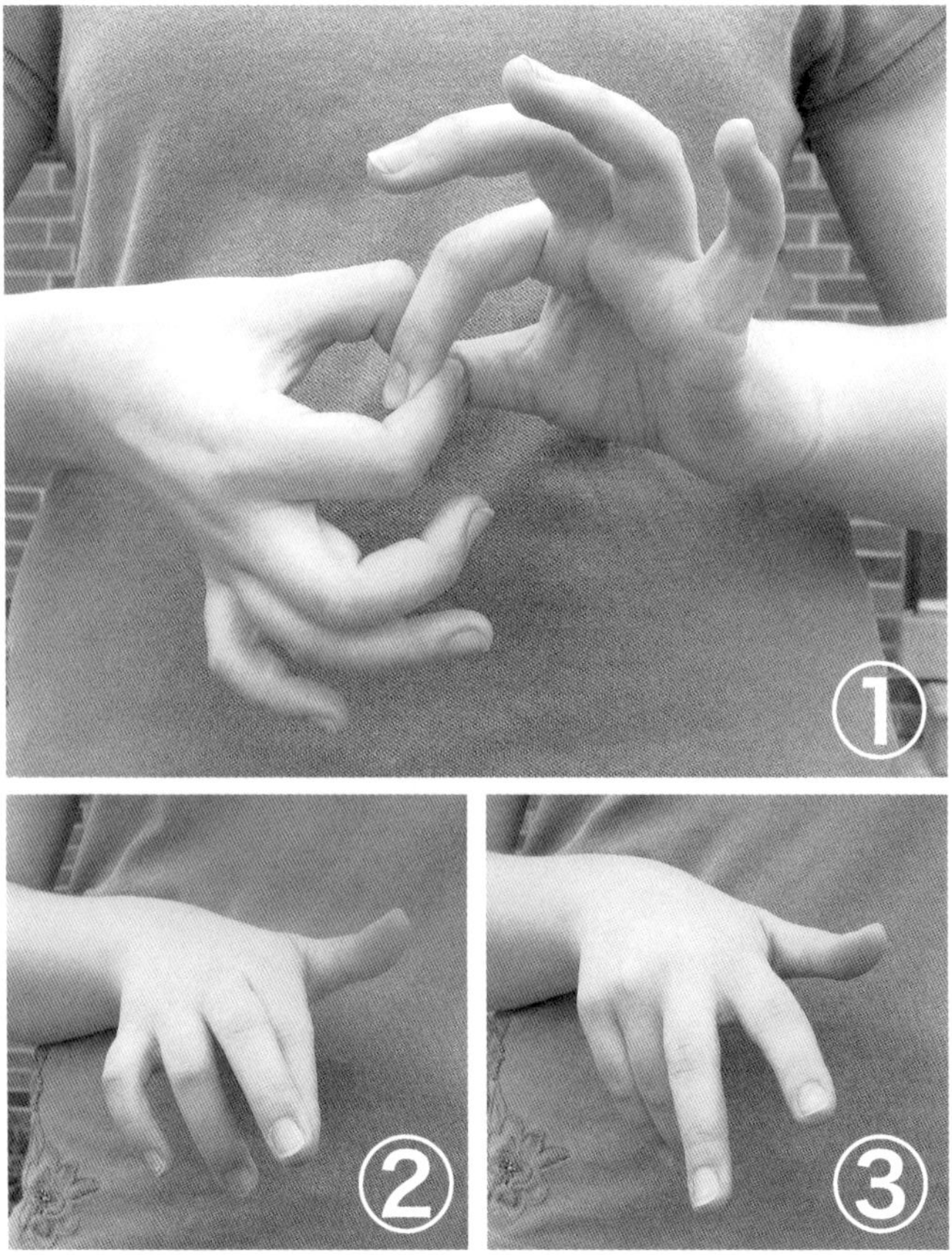

①…Oリングテスト：両手でOリングをつくり、引っ張ることで引き離そうとします。そのOリングが取れることがなければYES、取れてしまえばNOです。

②③…スティッキーフィンガーテスト：中指を人差し指の上に置き、優しく押さえつけて横に滑り落ちるようにします。指が張り付いたままのときはYES、指が離れてしまえばNOです。

エーションです。表面が滑らかな机の前に腰かけて、指の1本を机の上に押し当て、擦るような動きをしてください。前述のように、YESとNOのサイン（動き）を確認します。指が机に張り付いているような感覚がして指が動きにくい方が、YESのサインとなります。これらの方法だと、たくさんの人の面前でも、そっとダウジングしてしまうこともできます。

また、静かに立ってあなたの身体にYES／NOを聞くシンプルなテクニックもあります。質問に対してYESのときは身体が無意識に前に傾き、NOのときは反対に後ろに傾くことでしょう。

身体の特定の場所に鋭い痛みを感じることで、質問に対するレスポンスを得る人もいます。身体の痛みは、ダウジングのサインとしては望ましいものではないので、そのときは次のような言葉を使うことで、異なったサインをプログラミングするように勧めています。

今から、私のYESのダウジングサインは、○○○です。

※設定するサインは、どのようなものでもかまいません。

健康補助食品を選ぶときに、この身体が前後に動く反応を利用した方法を使うこともあるようですが、私はお勧めしていません。

この方法では、往々にしてテストするものを手に持ち、胸骨に押し当てて質問しています。したがって、その健康補助食品のエネルギーを一度、身体に共鳴させて、その反応をテストしているわけです。万が一、身体が弱っている人が好ましくない物をテストしたならば、そのエネルギーを自身のエネルギーフィールドに取り入れることになり、害のあるエネルギーによってさらに悪影響を受ける危険性があるからです。この方法は、常にテストするもののエネルギーと自分のエネルギーを同化させるため、十分な注意が必要です。

ダウザーは、このような問題を回避するために、ダウジングツールを使います。私たちの身体とテストする対象を直接エネルギー共鳴させるのではなく、ダウジングツールにエネルギー共鳴させてダウジングするのです。

チャートダウジング

チャートを使用したダウジングをすることで、より正確なレスポンスが得られます。代表的なダウジングチャートを解説していきます。

レイチャート

複数の選択肢を自由に設定して使用します。たとえば、あなたが頭痛の原因を調べたいとき、このレイチャートを使うと便利でしょう。アースエナジー、住環境による影響、肉体的な問題、感情、精神、スピリチュアルなアンバランス、いろいろな原因が考えられますが、その選択肢をレイチャートに書き込んだ上で選び出していくのです。

このレイチャートには、10つの選択肢があり、必要に応じて好きなだけ設定していきます。私はいつも10つ目の選択肢として「その

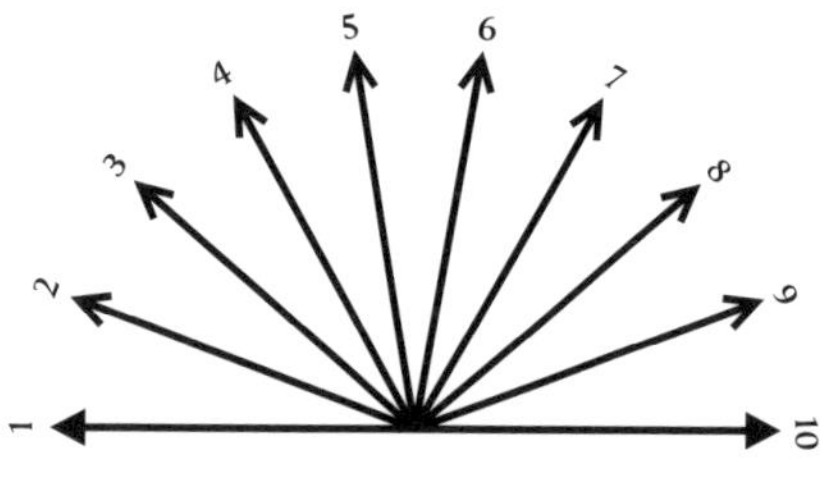

他」という項目を書き込むようにしています。答えが選択肢の中にない場合は、ペンデュラムが「その他」を示すことでしょう。

YES／NOチャート

YES／NOチャートは、あなたが調べることに対して、より詳細な価値やレベルの情報を与えてくれます。たとえば、甘いクッキーを食べることが私の健康をサポートしてくれるかどうかをペンデュラムでダウジングしたとします。NOの答えを得ることでしょう。

また、ガソリンを飲むことが私の健康をサポートしてくれるかどうかをダウジングしても、同じくNOの答えになるでしょう。ただし、答えは同じNOでも、明らかにガソリンの方はそのNOのレベルが高いわけですが、どのくらい高いのか、ペンデュラ

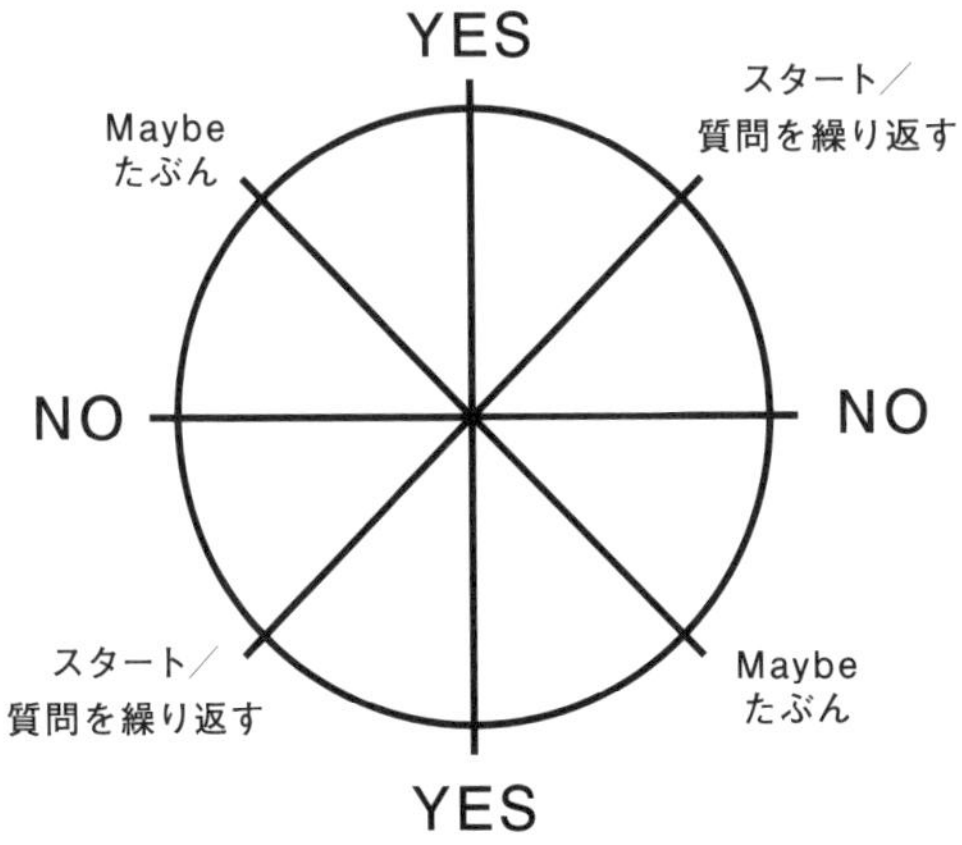

ムの動きがそのヒントになります。ペンデュラムのスイングが強ければ強いほど、速ければ速いほど、レスポンスが強いことを意味します。そして、パーセンテージチャートを使うことで、より明確にそのレベルを把握することができるのです。

プラス／マイナス・パーセンテージチャート

プラス／マイナス・パーセンテージチャートは、まずセンターの「0」の上の部分で、ペンデュラムを前後に動かすニュートラルスイングをします。

その動きをしながら、あなたの質問にフォーカスします。

「0」よりも左側は、マイナス（有害）であることを示します。

「0」よりも右側は、プラス（有益）であることを示します。

示す数字が大きいほど、その程度（レベル）が大きいことを示します。たとえば、白砂糖を摂ったときの総合的な有益性の判断はマイナス10、純粋な水を飲んだ時の総合的な有益性の判断はプラス10などといった形で数字を読み取っていきます。

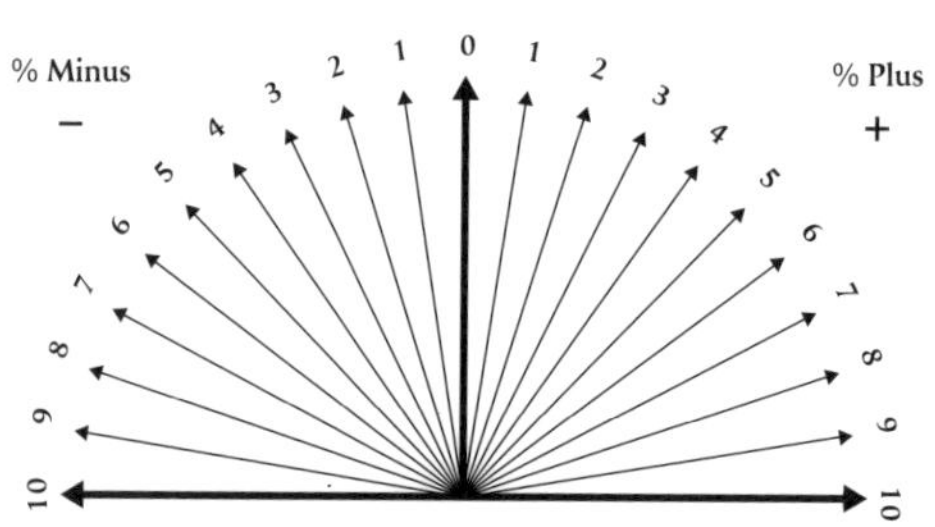

ニュートラルスイングの状態のままで動かない場合は、「0」がその答えです。たとえば、前述のクッキーとガソリンの例では、クッキーはマイナス3（マイナス30%）、ガソリンはマイナス10（マイナス100%）といった答えになるでしょう。

次のような形で質問してみましょう。

今の○○さんに対する、○○（疑われる問題）の総合的な影響度を示してください。

今の○○さんに対する、○○（考えられる対処法）の総合的な効果を示してください。

緊急時には、ペンデュラムを持っていない手の指を広げ、5本の指をチャートの放物線状に広がる選択肢代わりにして、チャートダウジングすることもできます。右手でダウジングするのであれば、左手の甲を上にして、机上に置きます。小指が20%、くすり指が40%、中指が60%、人差し指が80%、親指が100%を示します。

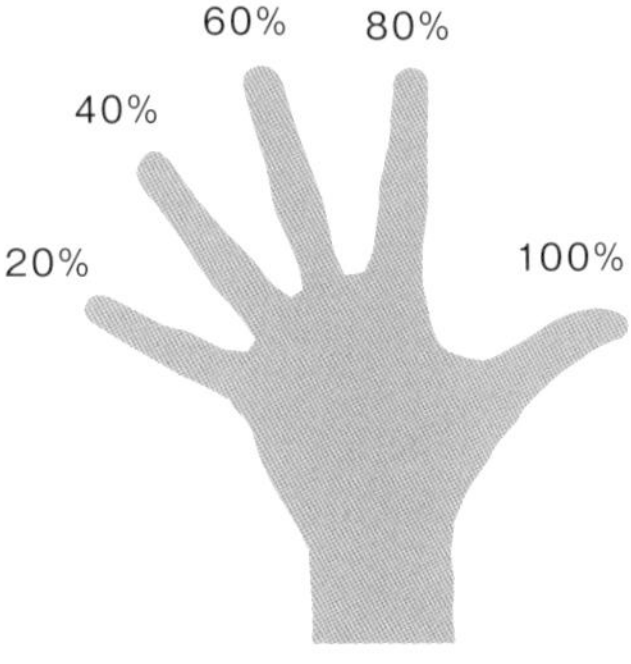

3章

ダウジングシステムを機能させる

ダウジングシステムの強化と安定

ダウジングシステムに関わる要素やプロトコルのプロセスにおいて、潜在意識レベルの信頼度が低いものを強めることで、ダウジングシステムそのものを強化し、安定させることができます。

潜在意識レベルでの認識度や信頼度を上げるために、ペンデュラムを動かしながら1〜13のアファメーションを声に出して宣言していきます。ペンデュラムは、あなたの潜在意識レベルの認識状態、信頼状態をモニタリングします。有効に機能していないものがあれば、エネルギーを変質化して機能するようにしていきます。

ダウジングの認識度と信頼度を上げるためのアファメーション

1 私は《神聖なるソース》と響き合っています。私がダウジングをするときは、安全で、守られています。

2 すべての創造物にとって最高最善に働く《神聖なるソース》によって、私のすべての行動、思考、言葉、直感はガイドされています。
3 私のダウジングは、すべての創造物に対して有益に働きます。
4 私は、容易に新しいテクニックを習得します。
5 私のダウジングは、正確です。
6 私は、常に適切な場所と適切な時間を選びます。
7 私は、必要なエネルギーを正しく選択します。
8 私は、愛・尊敬・お金を受け取る価値のある人間です。
9 私は、私のすべての局面で、強くて健康です。
10 私の思考は、いつもはっきりとしています。
11 私は、真実を求めます。
12《神聖なるソース》は、いつも私に機能しています。
13 私は、私の能力に感謝し、責任をもってそれを他者に役立てます。

トラブルシューティング——困ったときは

すべてのダウザーには、ダウジングツールが誤作動を続けて困った経験があるのではないかと思います。ダウジングシステムからNOの答えばかりを受け取るときは、ダウジングの前にまず、自分自身のことをやらなければならないサインかもしれません。答えが阻まれる、あるいはNOの答えを繰り返すのは、ダウジングシステムが真実を見定めるために、私たち自身の直感を直接使って解決することを指導しているとも言えます。

左記はダウジングシステムがうまく機能していないと感じるときに、私がするチェック項目と対処法です。

チェックすること① 何か先にしておくことはないか?

たとえば、食事をする、水を飲む、トイレに行く、仕事を終わらせておく、瞑想をする、睡眠をとる、部屋を掃除する、誰かと話す、アースエナジーのクレンジング、外に出て新鮮な空気を吸う、医師の診断を受ける、子どもの世話をする、電話をする、その他の物理的な方法で何かをしなくてはならない、など。

チェック② 別のツールを使うべきか？

たとえば、Lロッド、別のペンデュラム、書籍、アルファベットカード、純粋な直感、ルーン、タロットカードなど。

チェック③ 場所や時間を変えてダウジングするべきか？

暖房器具や冷蔵庫、電気機器などが、エネルギー的な干渉を引き起こすこともあります。

チェック④ 別のスピリチュアルガイドとコミュニケーションを取るべきか？

意外に多く起こるケースです。特定の事柄のサポートには、その分野のスペシャリストとなるガイドにサポートしてもらうとよいでしょう。

チェック⑤ 自分のためではなく、他者のサポートのためのダウジングを先にすべきか？

他者のためにダウジングすることが、じつは自分自身の最高のエネルギークレンジングとなります。もし、自分にだけ役立つダウジングシステムを使っていたら、それはあまり働かないことでしょう。自分自身の気付きのためにも、あなたのダウジングテクニックを他者のために役立ててください。

チェック⑥ 別の質問をすべきか？ 別のエリアにフォーカスすべきか？

その事柄にフォーカスすべきタイミングではないのかもしれません。

チェック⑦ 無益な存在やエネルギーの干渉を受けていないか？

ダウジングの種類によっては、何らかのエネルギーの干渉を受けるケースがあります。そのようなときは、シンプルに適切なグラウンディング、クレンジング、バランシングを行います。

チェック⑧ NOの答えの連続に落胆しないこと

何度もNOと示されることは、ダウジング以外の何かを先にすべきというサインにすぎません。そして、問題に取り組むチャレンジは、常に私たちを成長させます。その問題と向かい合い、乗り越えなければ、ダウジングシステムはうまく機能しないでしょう。私たちのスピリチュアルガイドは、熱心に学びの機会を提供してくれます。そして、多くの学びを与えてくれる方法のひとつとして、ペンデュラムの機能を止めることすらあるのです。そのようなことが起きたならば、新たな機会が授かったと理解してください。

その他のポイント

◎ダウジングは私欲のためではなく、他者への奉仕の目的で使うときに、もっともよく機能します。

◎ロトくじの当たり番号をダウジングで知ろうとしないこと（ダウジングシステムをテストするために、そのようなことをしてもいけません。万が一、例外があるとするならば、当選金を慈善団体に寄付するなど、純粋な奉仕のための意図がその背景にある場合です）。

◎ダウジングシステムから受け取ったメッセージに沿って行動することで、あなたのダウジングの精度は向上していきます。

◎あなたの願いを具体的かつ明確に細分化していくことで、より効果的な結果が得られるでしょう。

◎すでに答えが出ている事柄に対して、もう一度聞き直すと、答えが変わってくることもあり得るでしょう。最初の答えを信頼してください。得られた答えは、同じ質問を聞き返すのではなく、反意的質問をすることでチェックできます。

◎もし、異なるソースからサイキックアタックを受けていると感じるならば、手を胸に置き、《神聖なるソース》に光で取り囲んでもらうよう求めてください。

根本原因の解決のために

不快な症状をトリートメントしていけば、その症状は一時的に軽減するかもしれませんが、不調を引き起こしている根本原因を見つけ出し、根本的な解決を目指した方がよいでしょう。

たとえば、胃潰瘍による胃痛を訴える人がいるとします。その潰瘍が精神的ストレスによってできたものであるならば、潰瘍に対する対症療法だけでは不十分です。感情のコンディションの改善なくして根本解決には至りません。
ダウジング・プロトコルを実施した後、次のような質問で根本原因を調べていきましょう。

症状を引き起こす原因は、どこにあるか？

○肉体 ○感情 ○精神 ○スピリチュアル ○エネルギー

その原因は、どのディメンション（次元）に由来するか？

○標準的なディメンション ○異なるレベルのディメンション

その原因は、どの時間軸に由来するか？

○過去 ○現在 ○未来

その原因は、どのレベルの現実に由来するか？

○標準的な現実 ○異なるレベルの現実

オーラのエネルギーバランス

人のどの部分がバランスを必要としているのかを調べるときに、88ページのチェックリストを使うと、とても便利です。

たとえば、胃痛を訴えるクライアントに対して、どのチャクラをバランシングするのがもっとも効果的かをチャクラのリストから調べると、「ソーラープレクサス」という答えが返ってくることでしょう。プラス／マイナス・パーセンテージチャートで、セッション前後のエネルギー状態を測定してみてください。

オーラのエネルギーバランスのチェックリスト

解剖学的分類

○骨格システム
○筋肉システム
○神経システム
○循環器システム
○呼吸器システム
○消化器システム
○知覚システム
○内分泌システム
○リンパシステム
○泌尿生殖器システム

チャクラ

○ルート：グラウンディング
○セイクラル：関係性
○ソーラープレクサス：個人的なパワー
○ハート：愛、自己愛
○スロート：コミュニケーション
○サードアイ：直感
○クラウン：スピリチュアルなつながり

ジオパシック（地球の病気）

○家　　　　現在　過去
○オフィス　現在　過去
○学校　　　現在　過去
○その他　　現在　過去

テクノパシック（環境のアンバランス）

○家　　　　現在　過去
○オフィス　現在　過去
○学校　　　現在　過去
○その他　　現在　過去

サイキック（意識エネルギー）

○家　　　　現在　過去
○オフィス　現在　過去
○学校　　　現在　過去
○その他　　現在　過去

身体のマップダウジング

このチェックリストと左のような人体のイラストを使い、身体のマップダウジングを行うことで、どのようなバランスを、身体のどの部分にしていけばよいのか調べることができます。

その上で、ダウジング・プロトコルを使い、必要なエネルギーヒーリングを施していきます。

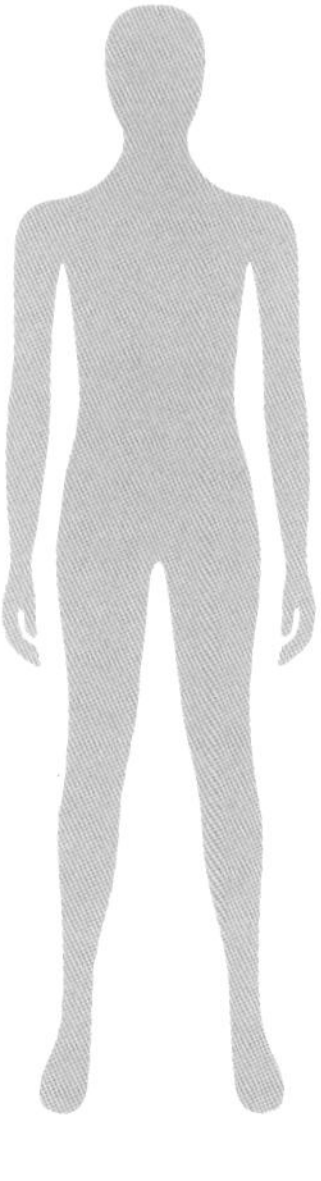

4章

スーザン・コリンズ インタビュー

聞き手 加藤 展生

JSD日本ダウジング協会 会長

絶望的な状況でダウジング出会った

加藤 最初に、どのようなきっかけでダウジングに関わるようになったかをお教えください。スーザンさんがダウジングテクニックによって病気を治した話はとても有名ですが、そのことについてもよければ、ご説明をお願いします。

スーザン 私は、1999年からダウジングするようになりました。1982年、29歳のときから慢性的な病気（リウマチ性の関節炎と自己免疫疾患）を患っていたので、その改善のために、ダウジングを始めたことがきっかけです。

通常の医学的な治療も受けましたし、代替医療もさまざまなものを試しましたが、まったく役に立ちませんでした。私は、自分の障害の説明を医師から受け、ただ処方される薬を飲み続けるしかありませんでした。手首はそえ木で固定され、運動するようなことは一切できなくなってしまい、自分の置かれた状況に絶望していました。

しかしあるとき、こう気がついたのです。もしかしたら、この病気を治せるかどうかは、すべてこの私自身にかかっているのではないかと。

そこで図書館に行き、関連していると思われる本という本を読みあさりました。そして最終的に、健康のために行うダウジングテクニックの本に辿り着くことになったのです。

私は、その日の午後には裏庭の木の枝を切り取って、Y型の枝の2本の枝側を両手で握り、1本の枝側を身体から離れた方向に向けて、芝の上を歩いてダウジングをしてみました。すると、手に持つY状の木の枝（Yロッド）は、水道管の上に来ると、下に動いて反応したのでした。

こうして私は、エネルギーに対して敏感な感覚を持っていることを知ったのです。すぐにカナダダウザー協会（Canadian Society of Dowsers www.canadiandowsers.org）のビギナークラスに受講を申し込みました。そこで私の生涯における最初のダウジングの先生が、ダウジングの基礎を教えてくれたのです。

ダウジングで《宇宙の意思》とつながる

スーザン 最初に教えられたのは、ダウジングは多くの人が英語で「God」と呼ぶものを通して行われるべきものだということです。その「God」は「聖なる源」(Divine Source)、「クリエイター」、「スピリット」と、さまざま呼び方や表現がありますが、こういうことなのです。私たちが「神」に、つまり最高最善の、宇宙の意思である愛というエネルギーにつながったときに、ダウジングはより的確で精密な答えを私たちに示すのだと。

多くの人は、神聖幾何学図形（黄金比 1:1.618 にその基礎を置く）に、いわば〝健康的な生

2015年英国ダウザー協会アニュアルカンファレンス（イギリス・レスター大学）で、ゲストスピーカーとして招かれ、講演を行う。

活〟のための調和の方程式を見出します。それも、ひとつの神の調和の意思を反映したものとも言えるでしょう。黄金比は、遥か彼方の壮大でスピリチュアルな宇宙からヒマワリの種の配置まで、まさにありとあらゆるものの中に存在しています。

私たちはまた、私たち自身の身体の中にその黄金比を見つけ出すこともできますし、私自身、調和的で健康的な肉体は黄金比を反映していると信じています。

そしてダウジングは、私たちの身体がその黄金比に共振共鳴するための有効なテクニックなのです。私は自身の身体に、肉体的、感情的、精神的、スピリチュアル的、エネルギー的にこの惑星の有益なエネルギーに響き合うように依頼することで、健康を維持しています。ダウジング・プロトコルを使うことはもちろん、ボバーをはじめ、いくつかのダウジングツールを使いながら、そのエネルギー状態を維持しているのです。

クリスタルが、害あるエネルギーを増幅させていた？

加藤　ダウジングを知って、他にわかったことはありましたか？

スーザン　まず、私たちの生活している空間に、害のあるエネルギーが存在していることを知りました。そして同じく、私たちが食べている物にも、それが存在しているということも。

それらのエネルギーを調整するために、私はダウジングロッドを持って家の中を歩き、私を病気にしているエネルギーラインをダウジングで見つけていきました。私がダウジングでエネルギー診断をして、部屋で発見した最悪なことのひとつは、なんと、部屋に飾っていた美しいクリスタルでした！

ダウジングを知る前は、私はクリスタルをただ見た目が美しい場所に装飾するだけでした。しかし、それが結局、害のあるエネルギーラインの上に置かれており、害のあるエネルギーを増幅させ、実際に私の状態を悪くしているだけだとわかったのです。

ダウジングができるようになってからは、クリスタルを置くべき適正な場所をチェックし、それが健康に役立つように配置するようになりました。そして、ボバーなどのダウジングツールをダウジング・プロトコルに従って使い、エネルギーを良質に変換し、それが空間に満たされるように作業していったのです。

また、ダウジングすることで食べ物の質を見分けることができるようになり、不健康な食べ物の有害なエネルギーを除去、あるいは変質させ、より健康的な食べ物にすることもできるようになりました。

スピリットたちとの対話が始まった

スーザン さらにダウジングの経験を積み重ねると、私は私の周りにいるいわゆる〝スピリット〟と呼ばれるエネルギー体と会話ができるようになっていることに気がつきました。英語では その存在を〝ghosts, beings, entities, angels, devas and faeries.〟というようにいろいろな呼び方をします。

たとえば、誰かがある場所で亡くなったとします。もし、その人が地球の三次元のディメンションから去ることができないか、どうしてよいか理解できていないときは、その場にそのまま居座ってしまうことがあるのです。そのようなとき、私はダウジングの高度なテクニックを使って、魂の発展のための次のステージへスムースに移行できるよう助けてあげます。それは「ゴースト・バスティング」と呼ばれる行為ですが、アドバンスクラスのワークショップでそ

©Susan Collins, 2008　www.dowser.ca

2015年９月、スコットランドのスターリング、インターナショナルダウザーズのワークショップ会場にて。

の方法を指導することもあります。

何らか過去に起こった出来事のエネルギーサインが、知らないうちに残っていることもあります。

たとえば、過去に悪いことが家の中で起こったとします。その場合、何かのエネルギーサインやエネルギーの残余があるかもしれません。

つまり、その過去の出来事が現在の家のオーナーに作用してしまうのです。ただ、そのようなケースのエネルギーは、ダウジング・プロトコルを使うことで、とても簡単に除去することができます。また、そのエネルギークリアリングのテクニックは、私のワークショップで教えている基本的なものです。

私は、かつてスピリットやゴーストをとて

も恐れていました。なぜなら、彼らの存在がいったい何なのかを理解できなかったし、さらに彼らは私に何か害を与えようとしているのではないかと考えていたからです。

ダウジングの技術が身に付くにつれ、私は彼らと会話し、そして助けることすらできるようになりました。もし、その存在が人間の魂だとしたら、私たち人間が死んだ後に行くべき場所に導いてあげます。

また、それが人の魂ではない別の存在だとしたら（私の経験上、他の次元の存在に出くわすことがしばしばあります）、ダウジングのテクニックを使って、彼らが本来いるべき場所に導くサポートをします。

言うまでもなく、そのようなワークを始めたときは、驚きの連続でした。45年もの間、無知による恐怖の中にいた私がダウジングを通して安らぎと健康を手に入れ、魂の目的を知るようになりました。それは、いわば宇宙の意思による私の《ミッション》とも言えます。

私は、ここに、そのミッションとともにいます。

サトルエネルギーとの関わり方を教え、その生活、共に生活する家族、関わるコミュニティ、さらに幅広い活動範囲で、有意義でより満足できる〝幸せ〟をつくり出していくサポートこそが私の使命なのだと理解しています。

私のワークショップでは、皆さんにもそのような自分自身の魂の目的にいてもらえるようにしていきます。過去のトラウマにより魂が傷付いている場合は、その修復と回復のワークをしていくことすらあります。

いつもダウジングツールを持ち歩く

スーザン 私は、薬物療法から離脱して回復するのにダウジングを習ってから、5年の歳月を費やしました。現在は、薬もサプリメントも一切、必要がありません。この健康は、毎日のダウジングによるものだと思っています。つまり、ダウジング・プロトコルを通し、私自身の身体のシステムの意思にゆだねることで、私のエネルギーをこの惑星の有益なエネルギーにチューンさせているのです。「私が病気になった理由は何か?」と聞かれることが少なからずあります。一言で返答することは難しいのですが、肉体的、感情的、精神的、スピリチュアル的、エネルギー的な事柄すべてが関わり合ってのことだと思います。

私は、広義ではすべての人がトラウマ的なものを抱えながら生きていると思います。それが何らかの不調を生み出しているとも言えます。ダウジングは、個人的な事柄から仕事に関わるチャレンジまで、各種の問題や障害を乗り越え、ゴールを達成する助けを与えてくれるものだと思っています。

私は、常にペンデュラムをポケットに入れ、Lロッドとボバーをブリーフケースに入れて持

スーザン・コリンズは自らの体験をもとに「風水ダウジング」を考案し、その普及に努めています。

ち歩いています。いつでもダウジングツールを取り出せるようにして、日々の自分自身の健康や人のサポートのために役立てています。

いつもダウジングを、といっても注意事項があります。まず、車を運転しているときは、けっしてしないでください。注意散漫となり、非常に危険です。

そして、風邪のときや飲酒しているときも、ダウジングは不適切です。鼻やのどに炎症があるときや酔っているときは、繊細なエネルギーを感じ取ることが困難だからです。

あなたが健康なときに毎日ダウジングしていれば、その健康を維持できます。何か起こってからダウジングで対処を急ぐことも必要ですが、何もないときから日々の生活にダウジングを取り入れることをお勧めします。

ジオパシックストレスに対するアプローチ

加藤 多くの人が、ジオパシックストレス（土地から放たれる、人に有害なエネルギー）や電磁波汚染をとても心配しています。あなたはどうやってそれを計測探知し、トリートメントするのでしょうか?

スーザン 私は、ダウジング・トリアージによるアプローチをしていきます。「トリアージ」とは、フランス語の「triage」からきた「選別」を意味する言葉で、病院の緊急救命室で、どの患者を優先して治療するか決定することを指します。

ジオパシックストレスに対して、私は同じ考え方を持っています。どのタイプのエネルギーを最初にチェックすべきか? 優先順位を決めて行うその方法は、とても効率的だと思います。あれもこれもそれも、と同時に心配してチェックすると、迷路に迷いやすいものです。

たくさんの種類のエネルギーが存在しています。土地からくるもの、さまざまな環境からくるもの、そしてサイキックなエネルギーからくるものがあります。

つまり、それらは3つの種類の問題、ジオパシック（地球の病気）、テクノパシック（環境のアンバランス）、サイキック（意識エネルギー）な問題を引き起こします。通常、クライアントは何らかの症状を訴えています。私は最初に、その症状の根本原因が、土地、環境、サイキックな事柄のうちで、何からきているかをチェックします。そして、それが現在・過去・未来、どの時間軸からきているものかをチェックし、次は、どの現実レベル、そしてどの次元から来るものかを見ていきます。

場所が原因のケースもあれば、人がその原因のケースもあります。時に現在進行中の事柄から引き起こされていますし、あるいは、簡単にぬぐい去れる過去の残骸が原因のこともあるでしょう。

私は、あたかもクライアントのコーチのようになります。ただ、クライアントは、その問題をそのままにしておくことを選ぶことすらあります。たとえば、人の注意を引きたいとか、他人の同情を引き寄せて何かの困難から逃避したいといった理由です。どのようなレメディを対処に使うかは、問題の根本原因が何かということと、クライアントがどれだけそれを除去したいか、その気持ちの程度によって異なります。

スーザンが愛用するダウジングツールとは?

加藤 さまざまなダウジングツールがありますが、どのツールを好んで使われていますか?

スーザン 私はペンデュラム、Lロッド、ボバーを使います。ペンデュラムは、ポケットに入れて持ち歩き、YES／NOなどの答えを得るダウジングがとても簡単に行えます。エネルギーライン、特に水脈を探すときにＬロッドを使います。Ｌロッドは場所を特定するのにとてもよいツールで、エネルギーが回転するボルテックスさえ示してくれます。

ボバーは、エネルギーをトランスフォーム（良質なものに変容させる）させるときに使います。ダイナミックにスイングし、あらゆる所を自在に示すことができるので、強いエネルギーフィールドをつくり出します。ボバーはセンシティブなツールのため、とても扱いやすく、役に立ちます。もちろん、ボディダウジングテクニックも使いますが、やはりツールを使った方が、より安全で効率的だと思います。また、私は「プラス／マイナス・パーセンテージチャート」（76ページ）を使います。このチャートは、マイナス10からプラス10までの値があるため、エネルギーの強さの程度を知ることができます。

水脈をヒーリングするダウジングへ

加藤　英国ダウザー協会では、「水脈」「健康」「アースエナジー」「考古学」の部門に分かれています。カナダではいかがでしょうか？　また、どのような部門に特に興味がありますか？
スーザン　カナダダウザー協会では、部門が分けられていません。すべてのダウジングがひとつに統合されているのです。私にとって、ダウザーが特定のダウジングテクニックだけではなく、すべてのテクニックを身に付ける、統合的なやり方が理にかなっていると思っています。

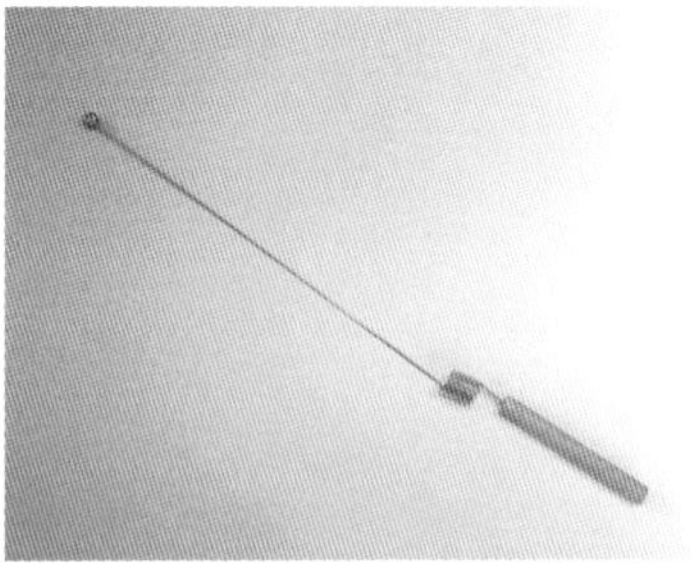

スーザン・コリンズボバー。その名のとおり、彼女により制作されたオリジナルモデル。

たとえば、私が新しい水脈をダウジングしたときに、その土地からネガティブなエネルギーを見つけたら、それを取り除きます。水脈を探すダウジングだけでなく、同時に水脈をヒーリングするダウジングも行うわけです。そして、それは人をヒーリングすることにもつながります。カナダでは、ダウジングヒーリング（健康を目的としたダウジング）と、サイキックブロックの除去を行うダウジングがポピュラーです。

スピリットリリース（除霊）のワーク

加藤　スピリットリリースや高次の存在とのコネクトするようなダウジングは、よく行いますか？　また、どのように行っていますか？

スーザン　スピリットリリースのダウジングワークを行うことは少なくありません。私たちの世界のディメンションにはいるべきではない存在がたくさんいるように思います。土地につなぎ留められてしまったスピリットや、何かの拍子でこちら側に来たまま、去ることができなくなってしまっている、そんな存在です。

　また、さらには地球外のエネルギーが、何らか彼ら自身の理由で現れることもありますが、地球にとっては有益ではないことが多いようです。まず行うことは、ダウジング・プロトコルの実施です。次元レベルの異なる相互エネルギーダウジングを行うときに、サイキックプロテクションは欠かせません。スピリットリリースは、初心者のダウザーが行うことではありませんが、それも上級ダウジングワークショップで私が指導していることのひとつです。

近代のダウジングと現代のダウジング

加藤　近代的なダウジングは19世紀前半に始まったと思いますが、過去のダウジングと現代のダウジングを比較して、どう思われますか？

スーザン　モーゼが岩を打ち、そこから水脈の水を得た聖書の記述（Exodus 15:24-25）は、ボバーを使ったダウジングの偉大な記述だと、私は考えています。中世のイギリスでは、木の枝を使ったダウジングによって鉱石を見つけていました。一種のダウジングのようなことは、世界中で昔から行われてきたのではないでしょうか。

ダウジングは、人が生まれながらに持つ技術だと思います。もし、私たちが心と身体をその能力に対してオープンにしたら、私たちは皆、サトルエネルギーを探知できるのです。

現代の問題に対応した風水ダウジング

加藤　あなたの行うFeng Shui（風水）ダウジングは、非常に興味深いものだと思います。私だけではなく、多くの日本人が同じように思っています。その風水ダウジングについてご説明いただけますでしょうか？　さまざまな種類の人工的で有害なエネルギーが蔓延している昨今では、古い風水のロジックだけでは不十分ではないかと想像しているのですが……。

スーザン　じつは、私はある風水のグループに本の執筆を頼まれたのです（『Dowsing for Feng Shui and Space Clearing? Finding the Living Force』（『風水のためのダウジングと空間浄化　生命エネルギーを見出す』／日本語版未刊行）。この本の中では、中国の神秘学のルーツから現在まで、風水の法則や論理の発展についてもまとめています。

私は、そういった風水の偉大なる伝統を尊敬しています。ただ、風水師の皆さんが「私たちは、活動の中でさまざまなエネルギーを見つけるのですが、それが何かわからないのです」と言われるのです。そして、そのエネルギーについて本を書いてほしい、と頼まれたのです。

近代社会ではさまざまなエネルギーがあり、古代の伝統的な知識だけではそれが何かを示すことができない場合があるというのは、事実だと思います。

私のアプローチ方法のポイントは、まさにこの本のタイトルにあります。風水の伝統という

©Susan Collins, 2008 www.dowser.ca

マジックバグア（魔法陣）を用いて、部屋の各エリアの意味を把握し、エネルギーを測定していきます。

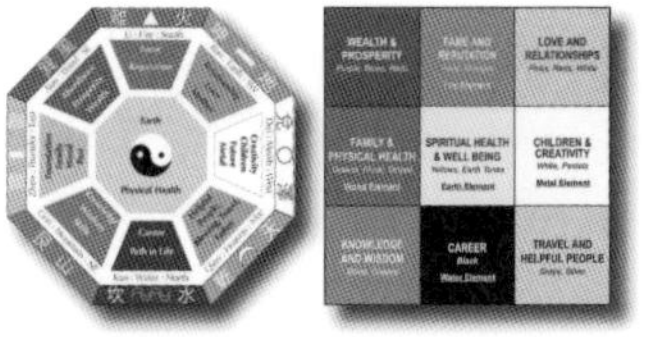

理論的で実践的なメソッドで、従来の技法では対処できなかった領域も認識し、問題解決へと導きます。

土台のもと、今、まさに活動している生命エネルギーをダウジングで正確に把握し、それを考慮に入れた上で、ダウジングテクニックやトリアージ・プロトコルを駆使しながら、風水的な各局面をバランシングさせて問題解決していくのです。私は、このことが古い問題を終わらせ、新しい光を風水の世界にもたらす助けになると信じています。

バグアを利用し、各種の質問をしてダウジングで答えを得ていきます。問題のあるエリアを見つけたなら、問題の原因が、肉体、感情、精神、スピリチュアル、エネルギーのどれにあるかを探っていきます。水面下に隠れた問題を見つけ出したなら、ダウジング・プロトコルやボバーを使って修復することができるのです。

ダウジング・プロトコルを使う

加藤　改めて、ダウジング・プロトコルについて教えてください。

スーザン　皆さんに伝えているダウジング・プロトコルは、私の指導者と私自身の個人的な経験に基づいて作られたものです。私は、できるかぎりの先輩ダウザーたちと会うように努力してきました。悲しいことに多くはすでにお亡くなりになり、中にはその知識や技術を伝えぬままだった方もいます。

ダウジングを習い始めたとき、私の先生がこんなことを言っていました。彼は、苦痛を伴わずに死ぬ方法を友人から伝えられたというのです。「それは、どういうことなのか？」と質問をしたのですが、彼はとても個人的なことなので言うには忍びないというのです。

しばらくすると、その先生は亡くなってしまい、知識は消えてしまいました。そうした経験から私は、私の知っていることをシェアしていくべきだと考えたのです。ダウジング・プロトコルは、安全で正確なダウジングをするためのノウハウなのです。また、それをセルフヒーリングのために使う方法もあり、幅広く有効に活用できるメソッドです。

スーザンが開発したダウジングツール

加藤　日本の展示会で「スーザン・コリンズボバー」を紹介したところ、多くの方が非常に興味を示し、たくさんの方が購入されました。このツールの一番の利点は、空間のエネルギーバランシングができることでしょうか？　このボバーについてくわしくお教えください。

スーザン　「スーザン・コリンズボバー」はとてもユニークで、それぞれが異なるスプリングのテンション、異なる長さ、そして異なるビーズが先端に付けられています。そして、ひとつ

©Susan Collins, 2008 www.dowser.ca

ひとつが私独自のエネルギー技法により、有効に動作するようにプログラミングされています。とても効率的で、強いエネルギーも変換し、人、家、オフィスなど、あらゆるものをバランシングできます。私は、ワークショップではいつもこのボバーを手にしています。フィードバックディバイスとして、高次のエネルギー（God,Spirit）とともにいることを助けてくれるからです。とてもパワフルなツールなので、コンディションが安定したときに使うことをお勧めします。ハイレベルなダウジングをするときは、私たちの思考は即座に実現に向かっていきます。明確で純粋な意図を持つようにします。そして、何を願うかはとても重要なことなので、十分な注意と配慮が必要です。

今後のスーザンの活動は？

加藤　最後に、スーザンさんの将来の計画をお聞かせください。

スーザン　私の将来のプランは、最善を尽くし、多くを学び、その多くを伝えていくことです。私の役目は、できるだけ多くの人にダウジングとサトルエネルギーの活用法の技術や知識を得ていただき、役立てていただくことです。

そして、私たち一人一人が、自分自身ができることをすることで、この世界は素晴らしい輝くものになっていきます。一人一人が、唯一無二の貴重な存在なのですから。

本書のまとめ

◎バランスを整える
・肉体的に
・感情的に
・精神的に
・スピリチュアル的に
・エネルギー的に

◎責任を持つ

◎意図設定を行う

◎ダウジング・プロトコルを使う

◎すべての創造物の最高最善のために、最適なものを求める

◎結果を求めるが、次のものとは関わらず、しっかりと距離を保つ
・エゴ
・執着
・ジャッジ
・恐れ

◎適切にシェアをする

◎コミュニティを見つける

著者 スーザン・コリンズ

カナダ・オンタリオ州在住。プロフェッショナルダウザー。パーソナルマネージメントコンサルタント。自身の長年患った病をダウジングテクニックにより完治させたことをきっかけにダウザーとしての道を歩む。高度なダウジング能力と明るく思いやりあふれる人柄は、多くの人に愛され、尊敬されている。2003〜2006年、カナダダウザー協会会長を務め、2014年「International Dowsers」を創設。世界各国で講演やワークショップを行いながら、ヒーリングカウンセリングを行っている。ボバーと呼ばれるダウジングツールの世界一の使い手としても有名で、人のヒーリングのみならず、独自の空間エネルギークレンジングテクニックを開発。

訳者 加藤 展生

1965年、静岡県掛川市生まれ。1998年より整体師・ヒーリングセラピストとして活動を始める。さまざまな問題を抱えた人たちを施術するうち、既存のヒーリング手法に限界を感じ、「ほんとうに人を癒やすものは何か？」と模索する中、神秘幾何学形状エネルギーを利用したダウジングヒーリングと出会う。ダウジングの本場である欧米の研究者やプロフェッショナルダウザーのもとで学んだ後、2012年にJSD日本ダウジング協会を設立。著書に『エナジーダウジング』（ホノカ社）がある。

JSDBOOKS 002

ダウジング・プロトコル 成功をもたらす11のステップ

2016年10月9日 第1刷発行

著 者 スーザン・コリンズ
訳 者 加藤 展生
発 行 JSD日本ダウジング協会 http://dowsing.jp/
発 売 ホノカ社
〒571-0039 大阪府門真市速見町5-5-305
電話 06-6900-7274 FAX 06-6900-0374

印刷所 グラフィック

ISBN978-4-907384-04-3 C0011

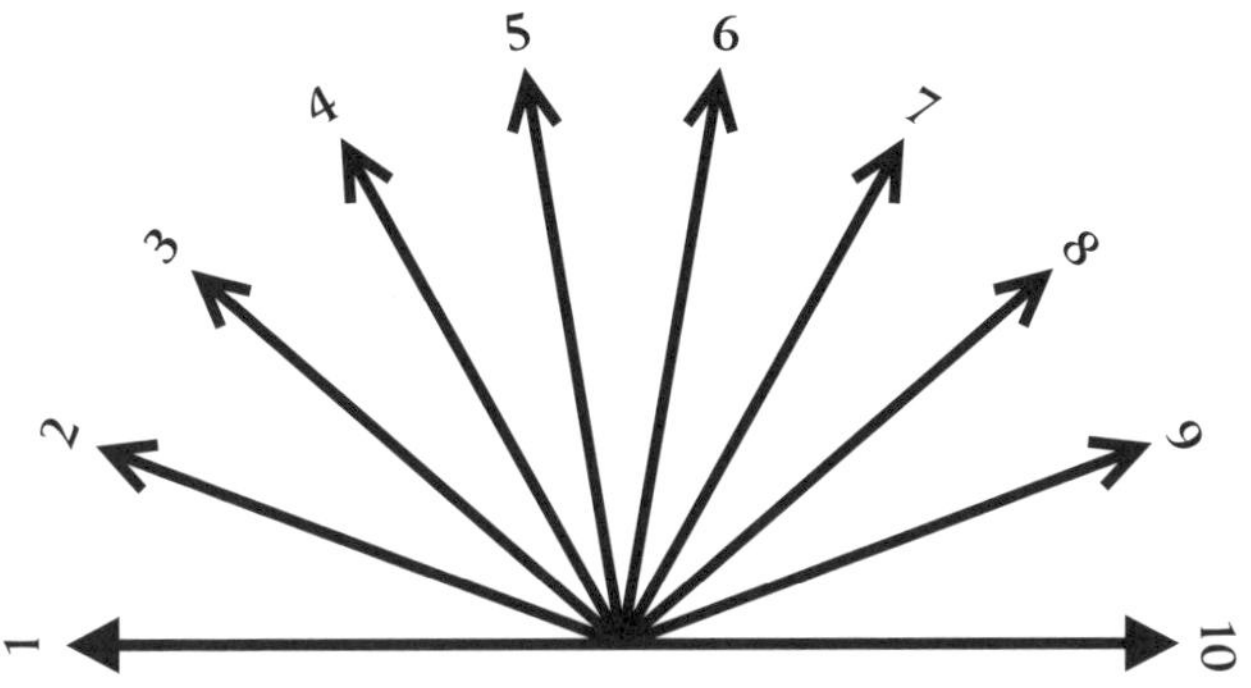

1. ______________________
2. ______________________
3. ______________________
4. ______________________
5. ______________________
6. ______________________
7. ______________________
8. ______________________
9. ______________________
10. その他 ______________

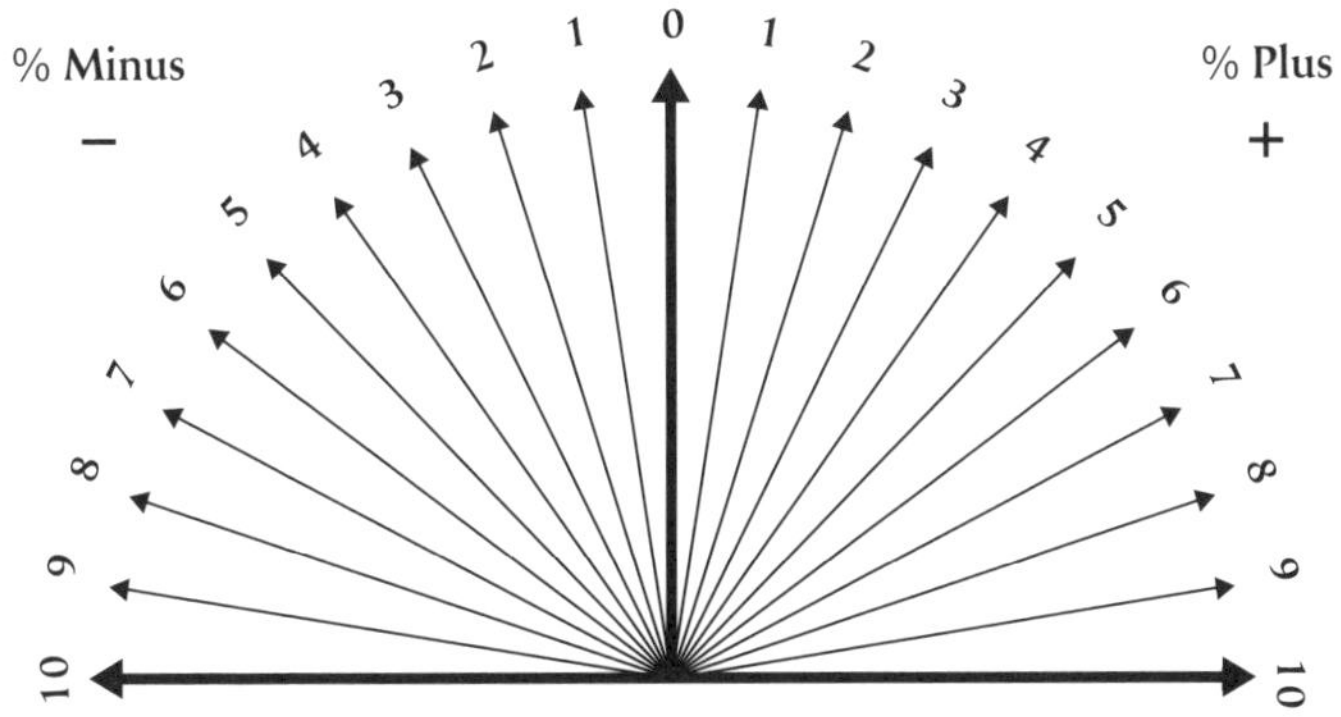

プラス／マイナス・パーセンテージチャートの使用方法

①中央の「0」の線の上で、ペンデュラムを前後に動かします（ニュートラルスイング）。②質問にフォーカスします。③対象の影響や効果のレベルを表す数値をペンデュラムが示します。

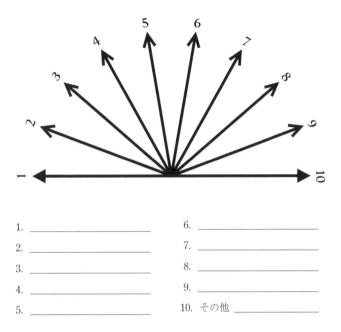

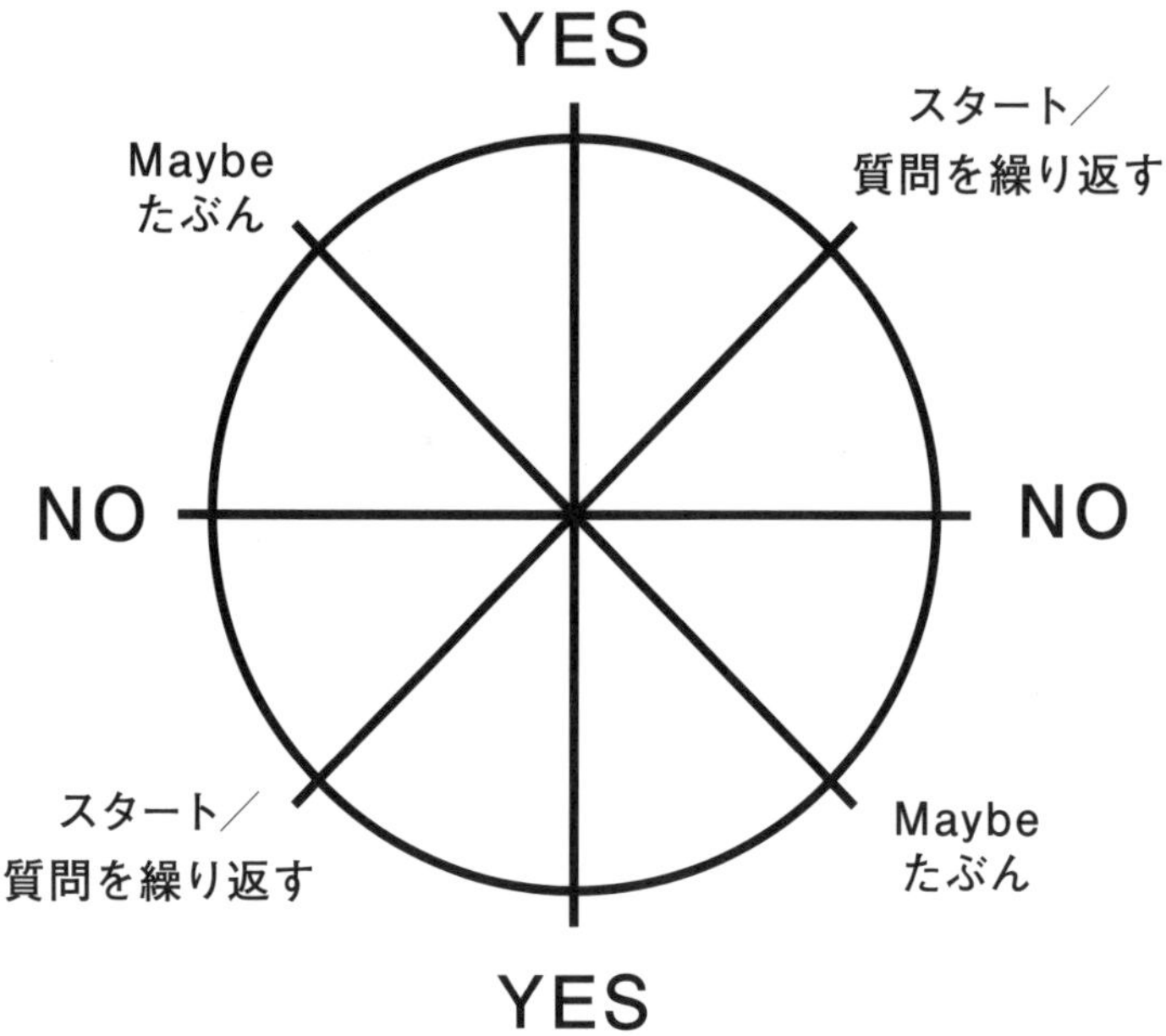

YES/NOチャートの使用方法

①スタートポジションの線上をゆっくりとペンデュラムを動かします。
②質問にフォーカスし、ペンデュラムに適切な選択肢を示すことを求めます。
③ペンデュラムは、選択した項目の線の上を動き、その答えを示します。

日本ダウジング協会®
The Japanese Society of Dowsing
JSD